黃金有價書無價

時勢遷流我不流

南懷瑾 題

作者与南师在太湖大学堂一号楼合影

南师的背影

查旭东 ◎ 著

东方出版社

图书在版编目（CIP）数据

南师的背影／查旭东 著. —北京：东方出版社，2023.4
ISBN 978-7-5207-3303-8

Ⅰ.①南… Ⅱ.①查… Ⅲ.①南怀瑾（1918—2012）—生平事迹
Ⅳ.①K825.46

中国国家版本馆 CIP 数据核字（2023）第 019901 号

南师的背影
(NANSHI DE BEIYING)

作　　者：	查旭东
责任编辑：	张莉娟
出　　版：	东方出版社
发　　行：	人民东方出版传媒有限公司
地　　址：	北京市东城区朝阳门内大街 166 号
邮　　编：	100010
印　　刷：	北京文昌阁彩色印刷有限责任公司
版　　次：	2023 年 4 月第 1 版
印　　次：	2023 年 4 月第 1 次印刷
开　　本：	660 毫米×960 毫米　1/16
印　　张：	20.75
字　　数：	197 千字
书　　号：	ISBN 978-7-5207-3303-8
定　　价：	76.00 元

发行电话：(010) 85924663　85924644　85924641

版权所有，违者必究
如有印装质量问题，我社负责调换，请拨打电话：(010) 85924602　85924603

题　记

封面上这一张南师背影照，拍摄于南师晚年定居的太湖大学堂。感谢摄影师王苗老师，为我们留下了这个珍贵的瞬间。

十年前的中秋前夜（2012年9月29日），太湖南岸的一轮皎洁明月，见证了一代文化巨擘——南怀瑾先生（1918—2012）的离去，也见证了一个时代的远去。

2022年9月9日（壬寅年八月十四日），在"南怀瑾先生辞世十周年"的线上纪念活动现场，宗性法师（按：中国佛教协会副会长、成都文殊院方丈）说：南师留在他脑海中的一个画面，是一张他的背影照……深以为然！

这是一个孤独的背影

这是一位饱经风霜的九十多岁老人。照片中的南师，一袭坎肩，一根手杖，足蹬布履。瘦削的身形，稳健的步伐，透过层层叠框的风雨长廊，形单影只，独自前行。黑白调的光影，幻化出历史的沧桑与深重。

人们常说，"见与师齐，减师半德；见过于师，方堪传授"。南师从他的老师——袁焕仙先生等先贤手中"接棒"，并且发扬光大。反观身后，南师晚年，常以"无门无派无弟子"自况。他时常流露"教育无用""后继乏人"，又感叹"老朋友们一个个都离去了"，"老"为众"苦"之首……偶尔见他独坐一隅，默然无语，虽身边人来人往，却"旁若无人"。这何尝不是一种"曲高和寡"的孤独、知音难觅的忧伤。

这是一个坚定的背影

这是一位一生求索、志笃意坚的老人。"虽千万人，吾往矣！"年轻时的峨眉发愿："为接续中华文化百年之断层而奋斗！"，人过中年、"身在异乡为异客"时的"为保卫民族文化而战！"，晚年回归、蜇居太湖时的"办学堂、教蒙童"，南师用一生坚守和践行了自己的誓愿。

及至晚年，尤感急迫，南师为完成自己的使命和誓愿，真正做到了废寝忘食、夜以继日，生命不息、奋斗不止。这样的思想精神，这样的使命担当，若非亲眼所见，我们这些"现实"的现代人无法相信，世间尚有这样的人物存在！

南师一生，以一己之力，克服艰难困苦，冲破重重关隘，挽救命如悬丝的传统文化。这是老一辈中国人的文化脊梁、精神背影！

这是一个时代的背影

"这是最好的时代，这是最坏的时代"，大师凋零，文化式微。南师生前、身后，褒贬、毁誉始终伴随左右，"誉之则尊如菩萨，毁之则贬为蟊贼"（语出南师《狂言十二辞》）。从某种意义上说，南师的离去，代表着一个时代的渐行渐远，这是一个时代的背影！

"现在我们的教育，愈来愈普及，知识的范围也愈来愈普遍，实非前三十年可比。但是我们青少年们的学术思想，以及'见义勇为'、挺身而起'救亡图强'的精神和心理，却远不及上一辈的老少年们。"

这是南师曾经的"警告"，也是当下众生应引为棒喝的警世之语。属于南师的那个时代已经远去，而属于今人的这个时代刚刚开启。一个时代有一个时代的使命，大师身后的我们，是否能无愧于先师贤哲的教诲，是否能践行自己的诺言，自利利他重实行，时间将是最好的检验和明证。

南师身后的这十年，一众南师的后人、学生、追随者，或承袭师志、编书著文，或弘道释疑、教书育人，或实业兴邦、入世济民，或慈善公益、扶危助困……虽能力有大小、秉赋有差异，但各自在努力着、坚守着、传承着南师的事业。优秀代表当属刘雨虹先生（1921—2021），"忘年忘生忘自己，念佛念法念师恩"，为弘扬南师的文化事业鞠躬尽瘁，奋战至生命的最后一息。

在南师削瘦却坚定的背影面前，喜欢他的人视之如"明灯"、尊之似"神佛"，由此也出现了一些令人担忧的现象，即将南师"神化""神秘化",对他的言行给予过高、过度的解读,甚至出现一些"个人崇拜"式的宣传,难免有"捧杀"的嫌疑,其危害甚至比贬损、"妖魔化"南师更甚,这对中华优秀传统文化的传承是有百害而无一利的。对此,刘雨虹老师生前也曾忧心地表示:"南师不需要别人捧他,也反对搞个人迷信。"

也许,我们将不得不直面一个严峻的事实:今天的学人们,恐怕很难"见与师齐",更做不到"见过于师"。如何避免"减师半德"甚或"减师数德"的不堪,我同意这样的观点:对南师更好的纪念,还是多读一些他的书吧。老老实实做人做事,履行好自己的那份职责,勿让前辈蒙羞,勿让后世埋怨,即属不易也。

2022 年 9 月写于苏州吴江

出版说明[①]

二〇一〇年的九月廿日，晚餐前，七都庙港的沈远林先生陪着一位青年一样的客人，前来太湖大学堂拜访南师怀瑾先生。介绍之下，原来是新到任的七都书记查旭东先生。

晚餐桌上，查书记对南师说民风，谈见闻，说理想，谈工作，流露出的是热诚又理性，令人印象深刻。南师则频频点头称许。

查书记一行离去后，南师说，这是一个正直而且有见解的人，不落俗套。地方有这样的官员，我们有福了，这也是国家之福。

在南师生前走后的六七年中，查书记亲历了一切，他的正派守法又通情的处理和作为，在他所写的这本书中，随处可见。书中除了忠实描述与南师交往的种种一切外，更显露了对南师的深深情感，书中言辞行文更真切自然，引人入胜。

这是一本另外角度谈南师的书，读者有福了。

刘雨虹　记
二〇一六年十二月　耶诞夜

[①] 此篇为《说不尽的南怀瑾》首次出版时，刘雨虹先生专门为该书所写的出版说明。

目　录

第一篇　说不尽的南怀瑾

- 003　魂归太湖
- 011　文化太庙
- 024　不老的"老顽童"
- 033　中国的南怀瑾
- 049　传统文化的力量
- 066　出世入世的教导
- 081　音容宛在　师道常存
- 103　答　卷

第二篇　永不道别

- 107　吴江各界"南怀瑾先生追思会"上的悼词
- 110　Never Say Goodbye
- 112　二月初六忆南师
- 116　南师身后事
　　　——写在南公怀瑾先生百年诞辰之际
- 122　南师留"遗嘱"了吗？

I

128　这些年，这些事
　　——致敬南师辞世十周年

138　南怀瑾先生的"三不朽"

141　"人师"南怀瑾

144　南怀瑾的诗与人生

162　读《怀师的四十三封信》

167　"退"而不"休"的刘老师

171　百岁老人的生日礼物

174　贺　雨虹先生百龄寿辰

176　法乳深恩
　　——追忆刘雨虹老师

第三篇　公门修行

187　临别感言

190　在南师的影响下……

193　文化自信靠什么？

197　传统文化是什么？

204　"公门之中好修行"

211　有文化地做事，做有文化的事

220　《县委大院》："中国式"基层干部

227　《天下长河》：识水、识人、识时务

231　事而功成者，谓之德
　　——苏州市吴江区七都镇党委书记
　　查旭东访谈录

第四篇 家国春秋

- 255 百岁老人的长寿"秘诀"
- 259 "人道"与"兽道"
- 261 天心·人心·初心
- 264 "听"话的道理
- 266 也说"佛系"
- 269 校外培训与教育公平
- 275 留住"纯真年代"
- 278 吴江的"企业家精神"
- 281 两个"SZ":深圳与苏州
- 286 也说"沪苏同城化"
- 291 美国:从"得意忘形"到"失意忘形"
- 295 读《创业的国度》所想到的
- 299 "Chin"与"中国"
- 301 古装历史剧的经典:《雍正王朝》

- **307 附录一 在首届"七都孝贤"表彰仪式上的致辞**
- **313 附录二 佛门楹联廿一副**
- **316 附录三 老太庙重建碑记**

第一篇

说不尽的南怀瑾

魂归太湖

时间定格在 2012 年 9 月 29 日（农历壬辰年八月十四日）16 时 26 分，一代鸿儒、国学巨擘——南怀瑾先生，在他自己创办的太湖大学堂一号楼的居所辞世，享年 95 岁。噩耗传开，无数人悲恸。

悼念词文

当晚 18 时 30 分左右，时任中国国务院总理的温家宝先生发来唁电：

惊悉怀瑾先生仙逝，深表哀悼。先生一生为弘扬中华文化不遗余力，令人景仰，切盼先生学术事业在中华大地继续传承。谨向先生亲属表示慰问。

——温家宝 二〇一二年九月廿九日

这可能是南师身后，中国官方给予的最早，也是最高的评价。

2012 年 9 月 30 日（农历壬辰年中秋夜），南师遗体的荼

> 惊悉怀瑾先生仙逝，深表哀悼。先生一生为弘扬中华文化不遗余力，令人景仰。切盼先生学术事业在中华大地继续传承。谨向先生亲属表示慰问。
>
> 温家宝
> 二○一二年九月廿九日

温家宝先生所书唁电

毗仪式在太湖大学堂举行，由成都文殊院方丈宗性法师举火。10月5日，南师亲属、学生代表，共同拾取南师灵骨舍利。值得一提的是，在这些珍贵的舍利中，南师留下了完整的头骨舍利、洁白的舌根舍利。按佛家之言，这说明南师生前所弘扬的是正法。

大师仙去，魂归太湖，正应了雪窦禅师的那两句诗：

太湖三万六千顷　月在波心说向谁

而我，作为南师辞世地的一个地方官员，在悲痛中，在做好分内的协调、沟通和服务工作的同时，必须接受这样一个残酷的事实：南师已经永远地离开了我们！

9月30日的午后，荼毗仪式前，我回到办公室写下两副挽联，以寄托对南师深切的悼念和缅怀，分别以七都镇党委、政府和个人名义送去太湖大学堂。

悼念南怀瑾先生：

　　才比仲尼德功昭日月

　　心似佛祖光华耀千秋

　　　　　　——中共七都镇党委、七都镇人民政府敬挽

忆南师：

　　弘佛法　兴国学　太老师言传身教

　　悲天下　悯世人　南仙翁身体力行

　　　　　　——后学　查旭东泣拜　壬辰年秋

这可能是离太湖大学堂最近、最基层的官方组织和官员心目中对南师所留印象的写照。

南师的背影

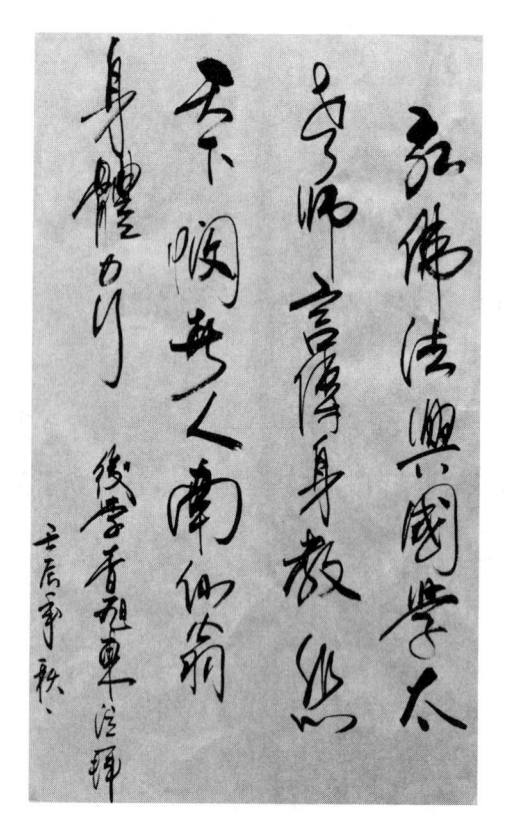

作者所书挽联

2012年10月19日，太湖大学堂七号楼，在吴江市委、市政府组织举行的吴江各界"南怀瑾先生追思会"上，我压抑着悲痛，表达了自己对南师深深的不舍和追思。

永远的缺憾

随着南师离去，一个永久的缺憾刻上心头，成为无法磨灭的印记。时至今日，我依旧不能原谅自己！那就是我没能在2012年的9月14日，与南师见最后一面。

记得那天中午时分，突然接到太湖大学堂传来的消息，希望地方政府帮助协调当地医院，调派一辆医用救护车，送南师去上海的医院做一次身体检查。虽然电话中只说南师偶染风寒，并无大碍，但这样的情况却是第一次发生，我本该有所警觉……彼时，我正在单位接待几位上访的群众，无法抽身，就将此事交给了单位同事，自己未及赶去大学堂看望、送行。

此后数日，南师在上海就医，我也因工作牵绊迟迟未能去看望他老人家。又想着南师应该不日即可回来，去大学堂看望慰问更好些，想他平时太忙太累了，或许正想趁着这段时间在医院里躲个清净，还是不要打扰的好。其间，虽然一直保持着与马宏达先生的电话、信息联系，万没料到，待19日南师返回太湖大学堂时已在定中，就更不能打扰了……谁知这样一个疏忽转念，竟成了我此生无法弥补的缺憾。

三梦南师

"日有所思，夜有所梦。"南师离世后，我曾经三次梦到南师，他老人家一如往常，亲切温暖慈祥。

梦境一：太湖大学堂某处空地。雪后，月夜，大地银装素裹，周围静穆肃然。南师一袭白色中式练功服，正在雪地中打一套长拳，时而伏地，时而腾挪，体态轻盈，身手矫健。画面停留在南师腾空旋踢的一刹那。

梦境二：某处室内会客区。我在外间等候见南师，忽闻隔壁传来南师熟悉爽朗的声音。我循声望去,不见南师踪影,遂失落回座。再一回头,却见南师端坐在旁,侧脸看着我,微笑不语。

梦境三:浙江某火车站站台。南师与一众学生,从一列老式的绿皮火车上下来,在站台拱手作别。南师说:"有谁愿意陪我在这里多住一个晚上?"站在旁边的我欣然表态:"算我一个。"

…………

午夜梦醒,泪湿衣襟。多希望南师的离去,只是一场梦境。

最后一份报告

南师精神和学问的境界,令我高山仰止,但这并不妨碍我与他进行有效的交流。我把发生在身边的、工作中遇到的一些鲜活事例告诉他,以南师的智慧,他定能一斑窥全豹,从细小琐碎的细节里,了解到当前社会不同人物的生活和心态。而这或许正是我与南师交往的一大特色。

我曾经以玩笑的口吻对他说:"我和您说的都是真话、大实话,平时您听不到的。"

南师略带诧异地问:"这话怎么讲?"

我笑道:"因为我的身份特殊呀。首先您不是我的领导、上级;其次,以我这个层级的基层地方官,平素是没有机会和您这样的大家说上话的,我却正好有这份荣幸。其他有机会接触您的官员,大多离基层较远,虽然不想骗您,但可能他们所掌握的资料,本身就已经是被别人加工过了的,不能保证原汁原味,又怎么能保证它的真实可靠。"

南师哈哈笑道:"你这家伙真鬼,不过似乎有点道理。"这也正是南师的一个过人之处,总能与不同的人群建立起有效的对话管道。

2012年7月中旬的一个黄昏,我从南京参加完江苏省委党校为期两个月的乡镇书记培训班,迫不急待地来到大学堂,向南师汇报自己此次学习的心得体会和逸闻趣事,同时,也想向南师当面表达谢意。

说来惭愧,做了南师两年多的"免费旁听生",却没有认真交过一份书面报告。终于挨了南师的批评:"你不能光坐在这里听我讲,也要发表一些自己的看法、想法,报告一下自己的学习情况。"

这是南师希望我学有长进,但我心里没底,觉得自己根基不深、学养不够,写不出什么东西。就借口说身在基层一线,杂务缠身,无法静心写作……其实,还是自己偷懒的心理在作怪。经不住南师的反复催促和学长们的敲打提醒,我终于在培训出发前向南师打了包票:"这次脱产培训有两个月时间,我一定交一篇作业出来向大家汇报。"

6月上旬,我在党校学习期间,写了《读〈创业的国度〉

所想到的》一文，算是一稿两用交了"差"。考虑到南师的阅读习惯，特意转换成繁体字，发给了马宏达先生，请他代为转呈。只过了几天，就收到马先生的回复："你的文章，老师在课前已组织大家通读了，老师给予了肯定评价。"我知道，南师的肯定，是对我终于动笔的鼓励，南师也经常鼓励我把自己在基层工作的实践和思考写下来。

　　这次见面，照例是在热闹的太湖大学堂六号楼餐厅——南师口中的"人民公社"食堂。像往常一样，南师把我拉到他的座位旁边，听我介绍新近发生的乡野趣事和学习期间的见闻。南师再一次肯定了我的这篇作业，还关切地询问党校里、同学间有什么反响。末了，我向他介绍，在党校的内部书店里，也可以看到他新近出版的书。他笑着点点头。当我起身告别时，他特地把我送到餐厅的门口，嘱咐我要常来，我欣然应承。岂料这一次，竟成了我和南师之间的最后一面，这篇文字，也就成了给南师看过的最后一份学习报告。

文化太庙

在大部分"南友""南粉""南迷"心中,南师晚年创办和定居的太湖大学堂,和南师一样,也是个神秘的所在。

这个坐落于太湖之滨、占地282亩由东向西横向排开的建筑群落,从Google地图上俯瞰,布局独特,清晰可辨。最醒目的中心草地上,一个巨大的八卦图安然铺展,这是大学堂内太湖国际实验学校的学生们户外活动的场所。按南师要求,这里没有铺装塑胶跑道之类的现代化运动设施,在接近自然原生的景观地貌里,错落着一些由原木麻绳等组装而成的游戏装置。

南师的决定

时隔45年之后的1994年,南师再次踏上祖国(大陆)的土地,是应妙湛长老之邀,在厦门南普陀寺主持著名的"南禅七日——生命科学与禅修实践研究",这相当于宣告了他重回(大陆)的决定。离开香港,选择定居(大陆)何处,成了各方关注的焦点。对于某些常随弟子的极力反对,南师毫不动摇。

早在1998年,南师寓居上海期间,就曾亲临太湖七都的庙港小镇,现场踏勘,并最终确定在此落脚。南师曾说,好多人不理解他的这个选择,认为此地又小又落后,交通和生活配套诸多不便。唯南师决定已下,旁人便也劝阻不了了。

在南师实地考察时,当时的吴江、庙港地方政府,特别是汝留根、史建荣等一众地方官员,都表达了欢迎南师前来发展文化教育事业的真诚愿望,并以非常优惠的条件和价格,将太湖南岸300亩土地的使用权提供给南师办学授业。由于该土地属性为农科综合用地,故南师先在地块上注册了东西精华农科(苏州)有限公司,亲任法人代表、董事长。在土地及房屋建设资金上,台商尹衍樑先生做了很大贡献。

2000年,满是杂草、芦苇的滩涂地开始动工了。土地建筑的统筹、规划、设计、督造,等等,都是南师亲自过问并拍板决定,无一处不蕴含投射着南师无价的智慧和心力。六年辛苦终有成,主体建筑群于2006年正式投入使用。

南师做事的风格,严谨、规范、有序。建筑落成后不久,即在原地注册成立由南师个人独资的"吴江太湖文化事业有限公司",以此公司为母体,又先后设立了两个下属分支机构"吴江太湖大学堂教育培训中心"和"吴江太湖国际实验学校",分别开展对成人和孩子的教育实践,南师是法人代表也是负责人。从此,"太湖大学堂"正式挂牌,南师也正式入住定居,开始了他人生最后六年的传道、授业、解惑。

南师以耄耋高龄,践履着数十年从未改变的重续文化断层的愿力,自始至终主导着这一事业,毫不懈怠,身体力行。南师一手缔造了这一切，却谦称自己是"挂单"的。所谓"挂单"，是出家人的俗语，暂住、借居之意。在南师看来，国家民族乃至人类的文化和教育大业，是天下为公、公天下的，非为个人稻粱谋。

南师与汝留根

前面提到，很多人不明白南师为何会选择七都庙港，众说纷纭的猜测里，不乏有趣的戏说。

1999年前后，时任中共吴江市委书记的汝留根先生，是将南师作为招商引资（智）的对象，吸引来吴江落户的第一人。汝书记在南师学生的引荐下，拜访了寓居香港的南师。南师接过递来的名片，抬头笑道："汝——留——根，看来你是要留我到你那儿去呀。"

大伙在说笑时，会讲这个故事。倒是另有一理，被更多的人认同，那是在大学堂的餐桌上，南师自己谈起的。一次，朱永新先生（按：中国民主促进会中央副主席、时任苏州市副市长）拜访南师时，提出疑问。南师笑着回答说：

"我住的地方叫庙港，太湖边的庙港，不就是'太庙'吗？这个地方，历史上佛教儒学兴盛，是一个文化中心，苏州府、湖州府、嘉兴府每年庙会时节都是要向当地进贡祭品的。可以说这里是'中国文化的太庙'，是有文化渊源的地方。"

这番话，却又引出了另一则南师与"太庙"有关的故事，使"文化太庙"的传奇从太湖南岸的这个小镇流转蔓延开去。

老太庙和 18 亩地

2010 年我由吴江市交通局局长调任七都镇党委书记，到任后不久的中秋前夕的某天，我前去大学堂拜望。南师给我讲了他所知道的七都庙港的历史和典故，建议我多看看本地的镇志、地方志，了解挖掘历史，不要辜负了这片土地。

南师也谈到了历史上大庙港一带河港众多、寺庙兴盛，史称"三十六溇、七十二港"，寺庙庵亭鳞次栉比。其中最具代表性的，当数尚有遗存的"老太庙"旧址，它是沿太湖南岸的渔民为了纪念邱老太爷一家三代造福一方的善举而于元代初建的，后曾毁于战火。一开始我并未在意，只当这是南师给我普及本地的一些人文知识，使我能够尽快地融入。但后来听南师讲得多了，也就不敢再轻听小看。

后面的故事，得先从"18 亩地"说起。

南师选址确定后，与当时的庙港镇政府签订了供地协议，以东西精华农科（苏州）有限公司的名义，取得太湖边 300 亩滩涂地的使用权，并付清了全部土地款。后因政府在相邻的地块上建设吴江第一水厂，占用了其中的 18 亩土地，却无合适的地块可以补偿，此事就被搁置下来。历经七都与庙港两镇合并，地方政府官员数任交替仍未解决，变成了一桩"悬案"。我这个新官上任，南师自然也少不得提醒几句："政府要讲诚信啊，怎么可以言而无信呢。"我虽在上级领导和相关部门的支持下，提出过若干解决方案，却始终没能让南师满意。

我捉摸不透南师的本意，已有的282亩土地还有不少空间可以发展，南师却念念不忘这18亩，只是为了提醒政府要守信、作为吗？我思来想去，把南师对老太庙一事的反复开示联系起来，突然灵光一现，难道……

2011年9月的一天，南师又提及老太庙的时候，我向他表态说："南老师，我们准备重建老太庙了。地址选在太湖大学堂的南面，就在老庙原址边上。"南师闻言非常开心，连说"好，好，好"。随即在六号楼的餐桌旁，伸手招呼其他几位大学堂的同人聚拢来，说道："你们几个过来，马上现场办公，我有事要宣布。"

等一帮同学坐定，南师很正式地说："查书记刚才告诉我，七都政府决定要重建老太庙，我这里宣布几个事：一个是政府欠的18亩土地，我们不要了，以后谁也不许再提了；再一个，登大师（按：登琨艳，台湾著名建筑设计师）要帮助做好老太庙的义务设计工作。"说到这儿，南师扭过头对我说："你看，还需要我做什么？"

意外的惊人之举

我知道南师做事素来雷厉风行，可眼前这一幕，完全没料到，足见此事在南师心中由来已久，不过是在等我表态罢了。

我想了一下，便"得寸进尺"地说："老师，这18亩土地，能不能不说是'不要了'，而是说捐给老太庙了，否则我会有压力的，别人会以为是我得罪了您，惹您生气了。"

南师笑笑，拍拍我的肩膀："对，就是这个意思。"又说，"你看，我们地也捐了，还需要做点功德吗？"

我说："当然要的，钱不在多少，南老师和大学堂的各位学长一定要带个头的。"

南师爽快答应，当即表态他个人捐款100万元，并告诉在座的各位："你们每个人都有份，不论多少，都要给老太庙做功德。"

就这样，老太庙的第一份功德，是南师捐出的18亩土地使用权和100万元，随后，吕松涛、刘梅英夫妇捐款91万元，李慈雄、萧明瑾夫妇捐款90万元，刘雁平、李想母子捐款50万元，其他同人学长各捐数千、数万不等，一下子筹措了350多万元善款。

这时，南师也不忘提醒我一句："你也要带头的。"还说，"对于善款，不在多少而在有心，100万、500万是功德，1元、5元也是功德。"

后来，我和我的同事们也都捐出了一个月的工资。本地的企业家和群众也纷纷响应，不到半年，重建老太庙的启动资金已基本筹措到位。真没想到事情的进展会如此顺利，18亩土地的历史悬案也终于有了圆满的结局。

南师的捐赠

更令我意外的是，没过几日，南师便托人给我捎来了他亲笔题写的"老太庙"和"吴泰伯"，说是提前为老太庙的匾额准备的。同时还捎给镇统战委员沈远林一封信，是南师详细讲解"老太庙""吴泰伯"的含义和理由。一笔一字，都凝聚了南师对老太庙的重视和用心。

老太庙文化广场

登先生的建筑设计方案也很快出来了。2012年3月19日，登先生带着专门制作的建筑设计模型，我们一起去向南师做了汇报，一个外圆内方、粉墙黛瓦苏式风格的江南庙院呼之欲出。巧妙的是，庙院主建筑正好夹在两河（本地称为"港"）之间，港中有庙，庙中有港，正呼应了"庙港"的地名。更加巧合的是，地形图打印出来，请设计单位一测量，庙基、庙前广场和配属的四合院加在一起，面积正好是18亩。

南师看到设计模型，首先肯定了整体布局和建筑风格，又仔细询问内部功能布设，提出了改进意见，还强调要体现儒释道三家合一的精髓，不仅要满足民众的信仰需求，更要使之成为教化民众、寓教于乐的文化场所，与弘扬本地的吴越文化、太湖文化相结合。当我汇报说，准备将整个建筑群冠名为"老太庙文化广场"时，南师说："这个名称好。"

从确定重建老太庙到正式开工建设，在半年左右的时间里，有大量的前期准备工作，诸如现场踏勘、施工设计、申报

第一篇　说不尽的南怀瑾

南师题字"老太庙"

南师题字"吴泰伯"

沈遠林老弟：

　　我有幾句話吩咐你，作爲備忘錄。

　　你們七都鎮的同仁民們，想發起修「老太廟」，我眼睛視力雖然不行，趁現在勉強還可以，就趕快留下幾個字給你們備用。將來你們用不用我不管，但你們要求的，我都做到了，就了事了！

　　我寫的老太廟、吳泰伯，一個是泰山的「泰」，一個是太太的「太」。照舊習慣老太廟，用「泰」字。但是我告訴你，報呈或將來最好還是用老「太」廟，因爲用這個「太」，有多方面靈活的作用。老太廟也可說是吳國開國之君的吳泰伯，也可以說是邱老太，也可以說是國家文化的太廟、吳國文化的太廟，多方面都可以解釋，就比較圓滑多了。換句話說，包含多神，怎麼解釋都可以，意義圓融，對於老百姓，或上面認爲有知識的大老倌們，都可以用自由意志的解釋。

　　我老了，怕你們年輕不了解，所以吩咐給你們聽，至於你們怎麼用，就要聰明伶俐了。

二零一一年九月十四日　　　九四老頑童　南懷瑾　口述

　　　　　　　　　　　　　　　　　　秘書室代筆

记录南师口述内容的信函

第一篇　说不尽的南怀瑾

登琨艳先生向南师汇报老太庙的设计方案

手续，等等，一切按部就班地进行着，而我却被一件事困扰：对于这样一件南师如此重视，又对当地百姓意义深远的善事，应该请什么样的人来做培土奠基的嘉宾呢？这是一个政府主导的文化项目，请出家人不太合适；但广场里的主要建筑是寺庙，请政府官员也不合适；南师高龄，更不好意思请他老人家出马。

联系起南师一贯的教化主旨，我终于想到了一个主题：南师接续传承的是中华优秀传统文化，我们作为地方政府，应该首先从实践者的角度去落实。在现代社会形势下，倡导孝贤文化，评选一批本地的孝子贤媳，结合表彰，邀请他们为老太庙开工奠基，既实在又有意义。带着这个设想，我向南师请教妥当与否。南师当即大赞此举的意义深远，不亚于重建老太庙本身。

七都孝贤

首届"七都孝贤"经过层层推选、考察、评比产生了，新闻媒体的文字报道和影像转播，将他们的感人事迹推送到了千家万户。2012 年 9 月 4 日，老太庙奠基开工仪式，南师派出自己的学生马宏达先生代表他亲至现场，致辞祝贺。八名"七都孝贤"共同为老太庙开工培土。

2013 年和 2014 年 9 月，结合老太庙文化广场的二期、三期开工，我们连续评选了第二届、第三届的"七都孝贤"各八

首届"七都孝贤"为老太庙文化广场培土奠基

名,这是现代七都特有的"新二十四孝"。除了媒体的宣传,我们还把这些孝贤人物的事迹编入了"太湖国学讲坛"书系的《明月依旧》和《孝行天下》之中。与之相应,我们将"百善孝为先"定为第二届太湖国学讲坛的主题,这与其他讲坛不同,具有自己的特色和亮点——传承文化,知行合一,落在实处。评选孝贤人物的做法也得到了中宣部副部长、时任中央文明办专职副主任王世明先生的肯定和赞许。

2015年9月29日,南师辞世三周年之际,老太庙文化广场正式落成。斯人已去,但这个清雅朴素、沉潜大气的文化广场,作为南师生前关注的最后一个文化项目,稳稳地矗立于太湖南岸,福泽一方,荫庇后世。

不老的"老顽童"

南师是 1918 年生人,而我生于 1970 年,年纪相差了近半个世纪,他的孙辈可能还比我年长些,说我们是"忘年之交"一点也不过分。南师晚年,喜以"顽童"自称,多见于他签名题字的落款上。在与南师亲近的时光里,我常常被他"老顽童"的真性情所感染,没有压力和负担,只有莫名的亲切感,在活泼轻松的交流中,被南师潜移默化地影响着。

记忆力超凡

我初见南师,是 2004 年秋,太湖大学堂尚在建设,南师借七都的一个酒店举办了"中国传统文化与认知科学、生命科学、行为科学"专题研讨会。那时的我,是一名随行的机关干部,对南师的认识也仅限于他的名字。此后虽又见过几次,但作为陪同人员,我从未与南师单独交流过。

2010 年 8 月,是我新调任七都后的第一次拜望。走近一号楼,见南师已经站在大门口等着了,我受宠若惊。后来得知,南师不轻易在一号楼会客,我得此礼遇,实在是南师出于对这"一方土地"和地方"父母官"的尊重。

宾主入座，南师习惯性地掏出香烟，递给我一支。出于礼貌，我推让了。南师却说："我们是老朋友了，不用客气。你上次来不是抽烟的吗？"听闻此言，我吃了一惊。如果说我的身份背景南师事先做了了解，那是情理之中，但记得我抽烟这个小细节，却真真在意料之外。况且上次见南师在三年前，我是末座的一位随从，当时觉得好玩，才接了南师递来的香烟抽过。事隔那么久，南师却记得。

我珍藏在案头的照片，就是那天拍的。按大学堂同人所说，与南师单独坐着留影的已不太多见，还各自夹着香烟，就更显特别。此后与南师见面的次数越来越多，单独合影却再不

作者与南师在太湖大学堂一号楼合影

曾有过。正是这张独一无二的合照，成了我对南师念想的一个寄托。

羞愧呀羞愧

说起南师超凡的记忆力，有一件事令我惭愧不已。

2012年5月4日晚，我陪同苏州市级机关某位领导去拜访南师，照例地吃饭聊天、赠书合影。当南师在一套《列子臆说》上题名时，我也提出要求，希望沾光："南老师，见者有份，我也要一套。"南师答应了，却在低头签字的同时，淡淡地说道：

"我知道，你们有些人啊，拿了我的书去当摆设、撑门面，却从来也不看。"

南师声音不高，却明显带着批评的意味，似有所指。我当下无话，待回家站在书柜前，一套《列子臆说》跳入眼帘，打开扉页，蓦见南师的签名，落款时间是2011年秋。是的，这书我从来没看过！我呆坐在书桌前，羞愧万分，也又一次被南师超凡的记忆力折服。从此以后，我便认真地研读南师的书了。

当然，最凸显南师惊人记忆力的，是他在讲课或闲谈时表现出来的广博不可测的见闻学识。这也是得益于他从小在家塾里阅读和背诵的"童子功"吧，按南师的话说，"你们的书都摆在书架上了，而我的全印在脑子里"，"12岁以前是记忆的最佳年龄，我的大部分传统经典文字的记忆，是在这个年龄段完成的"。

情人节的礼物

2012年2月14日，是西方的"情人节"。我下班后不自觉地来到了太湖大学堂，南师"人民公社"的饭桌边照例人头攒动，热闹不已。我对南师打趣道：

"南老师，今天是西方的'情人节'，这么多人来陪您过节，您要送点礼物的。"

南师哈哈一笑，并不接话。其实在座的都知道，南师不大在意这些西式节日。

饭毕，南师继续他的《成唯识论》研究和讲解。等讲课结束，也差不多晚上9点了，食堂照例准备了点心瓜果给大家当宵夜，这一天端上来的是锅巴，香气扑鼻。当我向南师告别时，他让我稍等，说有东西送我。不一会儿，厨房的工作人员用食品袋装了一份锅巴递到我面前。南师拍拍我的肩膀说：

"谢谢你今天来看我，这个就当是我这个'老情人'送你的礼物了。"

一句玩笑话，讨来了南师的一份特殊礼物，带回去与家人一道分享，唇齿留香，心里更是温暖。

过了几日，翻看南师赠的台湾繁体字版《南怀瑾讲演录》，发现扉页题字的落款日期是2007年2月14日，彼时我还未到七都工作。所谓无巧不成书,所谓缘分天注定,大概就是这个意思吧。

从"父母官"到"小老弟"

从南师选定七都庙港,到他辞世的12个年头,地方上也经历了乡镇合并、撤市设区等行政调整,与南师有交集的地方官员不少。但陪伴南师走完人生最后一程的我,是最幸运的,用南普陀寺方丈则悟法师的话说,是"福报很大"。

刚开始,南师常以"父母官"来调侃我,用"齐家、治国"的修养观念来说明当地方官和管理一个地区的不易。我也会把日常工作的困惑或者颇为自得的作为告诉南师。他不厌其烦,常常是只言片语就让我如醍醐灌顶、茅塞顿开,有一语惊醒梦中人的奇效。

南师挺愿意听我这个小小的"父母官"讲讲政府或乡野的琐事,讲讲在基层一线所遇到的种种,我知道他是为了更全面地了解这个时代的人事,了解正在剧变的社会人心。我也乐意在南师面前当个被解剖五脏的"麻雀"。

随着熟悉程度的加深,我们彼此的称呼也在改变,他对我从开始时的"父母官""查书记",慢慢变为直呼"查旭东",继而变成了"小老弟"。我对南师,则从开始时的"南先生""南老师",到后来可以直呼"老师"了。有时我去了,就直接告诉南师,我是来蹭饭的,或是来躲避外面饭局应酬的。南师也不当我是外人,还亲切地告诉大学堂的工作人员,以后我不用通报,是一家人,享受"家人"待遇。

南师知道我公务繁杂、工作疲累,尤其是应酬多、喝酒多,就特别关心我的身体,看到我脸色不好、眼睛充血、舌苔发暗,会关切地询问,让人拿来他自备的中药帮助调理,一再嘱咐我要注意饮食冷热。点点滴滴,都是暖流。

南师对我这个"小老弟"的关爱,还可以从一件小事上体现出来。那是2011年11月14日,我正出差赶往外地,途中收到南师嘱咐宏达兄发来的短信,我保存至今:

老师担心你,因为你性急,求好心切,又应酬多酒,会伤肝,长期下去会妨碍健康。另外,聪明外露也会妨碍你,要收敛一点更有益。要学会装笨,以免遭人忌。还要练习沉稳宁静。你长处很多,琢磨后更了不起。

南师讲笑话

大学堂的饭堂就是南师的课堂,除了少数大课在大教室举行,南师日常的讲授就放在了饭后的餐桌边。

当然,南师和大学堂的同人们白天也都没闲着,一号楼是南师的起居和办公场所。给我印象最深的,是南师与常随学生们共处一间大办公室,南师坐在东南角,办公桌也一样大小。

或整理前一天的讲课内容，或为下一堂课做准备，或接待来访，或回复信函……各自工作，有条不紊。看似平淡轻松，若不知情，很难体会其中的分量和繁杂。

我多数是在餐厅里听南师讲课，寒来暑往，流动的是访客和听众，不变的是南师的传道和解惑。通常，正式课前先由部分同学汇报学习心得，南师点评指导，或严肃状，或如春风。学习沉闷时，他会让同学们讲讲自己经历的笑话乐事，活动了脑筋，也调节了气氛。

南师也会讲好玩的故事给大家听。抗战时期，他在四川成都出入茶楼，对当地的饮食文化、方言土语印象深刻，用四川方言讲笑话，别有一番趣味。"偷酒喝的故事"就是他从茶楼听来的。

这个故事说的是，一天，老和尚下山办事，临行特别交代三个徒弟，自己一坛珍藏多年的好酒要看好了，小心被人偷喝。等晚上老和尚办完事回到寺庙，发现一坛美酒点滴不剩，全被喝光了。老和尚很生气，把三个徒弟找来问，发现这三位满身酒气，却并不慌张。见师父发问，三人依次作答。大师兄说："阿弥陀佛（我没偷喝）。"二师兄说："我佛慈悲（我喝十杯）。"小和尚则说："罪过罪过（醉过醉过）。"

听南师用带着浙江口音的四川方言，把三个小和尚的话讲出来的时候，大家哈哈大笑。

南师常讲的人进入老年的五个标志，我也是印象深刻。

他说，当一个人具备以下五个特征中的一个或多个时，说明他已经进入了老年状态，归纳起来就是五句话："躺下睡不着，坐着就睡了"；"当下记不住，少小全记得"；"好话听不到，坏话全听见"；"开心流眼泪，伤心反无泪"；"男女事，有想法没办法"。

笑乐之余，回头细想真是如此，这比单纯的用年龄来划分更为科学合理。我们认为司空见惯或熟视无睹的现象，南师会指出关键，讲出缘由，让大家在轻松一笑中，开阔眼界，增长见识。所谓道不远人，嬉笑怒骂皆学问，南师的教化方式就是这么生动活泼，一点也不呆板拘泥。

跌倒的学问

有一次，他讲到一个现象：成年人在清醒时跌倒，会下意识用手去支撑，很容易受伤。小孩子或是酒醉的人跌倒，反倒没事，因为他不依赖大脑的思维或预判。直觉本能的顺势反应，却是最安全科学的。

电视里常见这样的新闻：某某小区住户的门窗未关好，小孩顽皮，爬上窗台或阳台，不慎坠落，只是轻微擦伤，并无大碍。这里面，固然有小孩骨骼处在发育阶段，柔韧性较好的缘故，但确实与意识分辨和判断有关。这一点，受过武术训练的人都有经验：摔倒时不能慌乱硬撑，要放松顺势滚动，才能避免骨骼受伤。南师自幼习武，自然懂得其中窍门，但南师借此讲解身心意识的作用关系和内在道理，就通俗易懂了。不受学识固囿，不被学问约束，出入自在，这也是南师的"顽童"情怀吧。

写着写着，突然想起他自我打趣的"调皮"幽默来。有位访客提出想合影，南师恰好没有戴假牙，于是自嘲说：只好当一回无"齿"之徒了。逗得大家会心一笑。

这就是我认识的南师：一个生动有趣的老人，一个可亲可近的长者。

南师去世后，我看了刘雨虹老师编的《云深不知处——南怀瑾先生辞世周年纪念》文集，发现与我有同样感受和认识的学长，比比皆是。南师真是大家心中那个永远不老的"老顽童"啊。

中国的南怀瑾

南师老家在浙江乐清,他出生于书香门第,自幼受传统文化熏陶。少小离家,习武尚文,从军入教,进川入藏,移居台湾36年,又游历欧美,旅居香港,最后回到大陆,定居太湖。辗转多地,一生传奇,南师以95年的生命历程,见证了中华近百年的沧桑巨变。他说过:这辈子走过的地方太多了,有感情的地方也多,看过的、经历的人和事更多。

大陆国学热的兴起与南师密不可分,他深入浅出地融通讲述文化,吸引了不同年龄、不同文化程度的人。随着南师声名日隆,拜访求见的人越来越多,颇有把他当成"熊猫"来看的味道了。

也有南师出生、旅居的地方党政官员前来,希望能把南师请回当地去,其中,最积极的当数浙江各级政府的官员,上至省委主要领导、分管领导,下到乐清当地的父母官,或直接、或婉转地表达了这层意思,南师却并不明言。

南师在大学堂倾注了大量的心血和精力,有一个可以自主使用的固定场所,形成了相对稳定的教学局面,我不相信也不愿看到南师丢下这里,再去从头辛苦……但在各路大小"诸侯"面前,我这个七都镇的地方小官可谓人微言轻。留不留得住南师,我的压力巨大。终于有一天,我忍不住向南师表达了这份担忧。南师见我着急,终于说出了自己的想法,他说:

"我是来'挂单'的。……我既不是浙江的,也不是吴江的,我是中国的南怀瑾。"

这是南师的心怀与气象,相形之下,我们实在是太小家子气了。

南南北赵和"太湖禅林"的故事

佛教界有"南南北赵"之说,"南"是南师,"赵"是指中国佛教协会原会长赵朴初先生。早期大陆人民知道南师,也与赵朴初先生颇有渊源。据南师回忆,他与朴老在年轻时就彼此相熟,后来在南师旅居香港期间,朴老还两次亲往,其中一个重要目的就是动员南师北归,担当教化众生、弘扬佛法和传统文化的重任。

朴老与七都也有着不解之缘,庙港镇(后与七都镇合并)在1993年得到过朴老"太湖禅林"的题字。据说朴老并未到过庙港,但有感于这个地方独特的地名,也了解这一带的文化底蕴,遂欣然提笔。

这样一幅墨宝,在政府的档案库里躺了整整17年。2010年下半年,我在筹划庙港的环境建设时,根据庙港的特色,以及南师与太湖大学堂的特殊地位,有意在通往大学堂的道路分岔口新建一个中式牌楼，作为一道文化景观，也可用于识别道路，与大学堂呼应，营造出曲径通幽的纵深感。

牌楼上刻什么字呢？南师题字当然是最好的，但万一南师拒绝乃至反对建造呢？我有些心虚。除上述正面的理由，我还有个自私的想法：这个大标识一摆，可以省却我们给外来访客带路到大学堂的不少麻烦。但这种装饰性的东西，南师未必乐见，还是等建成了再汇报，那样他也只能默许了……

正发愁题字内容时，办公室同事提醒说有朴老的一幅字，于是赶紧找出来。看到朴老雄劲有力的书法，众人眼前一亮：就是它了。

牌楼建成，我向南师汇报，他老人家却早知道了。他听了朴老题字的由来，并无反对之意，还说了不少他与朴老交集的故事。末了，南师不忘善意地提醒我：这样佛学色彩很浓的四个字，会不会影响到你这个"地方官"……

我当时见南师并无反对之意，终于释怀，也没想太多，只解释说："这是我们七都（庙港）的文化名片，是好事，不会有问题的。"没被南师批评，我心中的一块石头也终于落了地。从此，太湖七都又多了一道独特的文化风景。

数年后一次与刘雨虹老师闲谈，刘老师提及那天在我向南师汇报完牌楼的事、离开"太湖大学堂"之后，南师又对身边的学生们说了这样的话：原本他在七都工作可能只需要三年，但因为有了这块"太湖禅林"的牌楼匾额，他在七都至少会多待五年……

没想到，南师的"预言"一语成谶：从 2010 年 8 月到 2017 年 6 月，我在七都工作的时间，前后正好跨越了八个年头。

我的理解：南师这样说，应该是认为，既然我选用了朴老的这四个字，就是一份承诺，就要对得起"太湖禅林"的定位和价值，所以必须付出一段时间的持续努力。

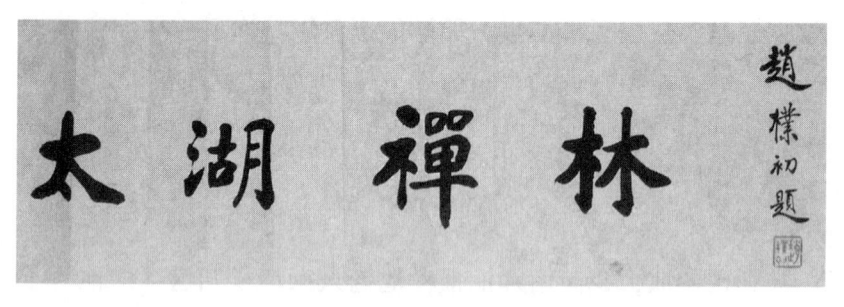

赵朴初先生题字"太湖禅林"

事情至此，算是圆满，但我却不甘心。因为朴老题字的匾额在南，南师的大学堂在北，与"南南北赵"之说正好相反。我还是想讨请南师题一幅字，安置在朴老题字牌楼之南。

请南师的墨宝，一定要有正当理由。2011 年秋天，机会出现了。

那年，七都镇与水利部太湖局、苏州局联合申报的浦江源水利风景区顺利通过了国家水利部的专家评审，即将获颁"国家水利风景区"称号。我去大学堂汇报，南师问明了原因、用途之后，答应说：

"保护生态，保护水源，这是利国利民的好事，这个字我帮你写。你给我几天时间，我写好了交给你。"

我又高兴又难为情，南师因为眼睛有恙，挺长时间没题字了。

只过了一周左右，南师的字写好并派人送来了。"太湖浦江源国家水利风景区"12个字，用了12张裁切成六寸见方的宣纸分别写成。听同学讲，南师是凭感觉"盲写"的，我的激动和感动难以言表。我们把南师的题字铭牌竖立在朴老题字牌楼的南侧，使"南南北赵"有了一个物理上的对应。

我知南师不会收笔润之资，就把自己保存的两盒宣纸奉上，也是期待南师眼睛好起来，让我们见到他更多的墨宝。这

南师题字"太湖浦江源国家水利风景区"与赵朴初先生题字遥相呼应

份谢礼,南师笑着收下了,还不忘"夸奖"我说:

"你会做生意哟,还想多赚我几幅字呀。"

果然,我们后来又得到了南师的照拂,除了"老太庙""吴泰伯"的题字,还有南师让人专门整理的有关老太庙的楹联、典故,着实让我喜出望外。

只买票 不入场

南师在海峡两岸、国共两党间的地位特别、作用特殊,这也是他能够担当"两岸和谈"秘密信使,成为"九二共识"重要推手的原因所在。但拿南师的话说,他在两岸间,对国共两党,始终秉持一个立场:"只买票,不入场。"这种既超然独立,又不置身事外的政治智慧,让我们大开眼界。

在南师的饭桌边,常有海峡两岸暨香港、澳门的各路精英、各界友人,团坐相谈甚欢。

2011 年的"五一"假

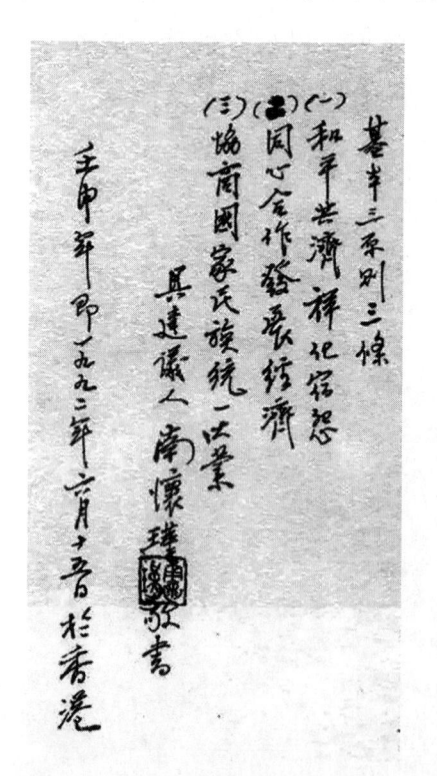

南师于九二国共会谈期间手书"三原则"建议

期，大学堂餐厅里高朋满座，有南师的常随学生，还有两岸国共两党的在职官员，我这个共产党的乡镇书记也在其中。谈话畅叙，由文化聊及其他各个方面，南师还让大家各自讲讲对大陆正在实施的"房地产调控政策"的理解和看法……在南师这里，两岸的官方人物放下政治身份和立场，彼此开诚布公，学习互鉴。

南师评蒋介石

自1949年初赴台，至1985年离台赴美，南师在台湾居留的时间长达36年。作为曾经的中央陆军军官学校（内迁大西南时期）的政治教官，南师即便坚守远离政治中心的准则，却难免与蒋家父子的圈子发生交集。这也是促成南师远走欧美的导火索。

从南师的言谈中听得出，他对蒋介石先生始终抱着尊重的态度，言必称"蒋公"或"老先生"，毕竟他们有"同事""同乡"的渊源。更主要，南师认为蒋公对中华传统文化在台湾的复兴和发展是有贡献的。

南师回忆：他在台湾几所大学讲学期间，经常受邀到国民党陆海空三军军校，给学生士官们上传统文化课。一次他去某军营上课，山腰半道上，有很多荷枪实弹站岗的士兵，三步一岗、五步一哨，戒备森严。这个"待遇"是他先前没有遇到过的。上了讲台，又发现台面上多了一支话筒，线头拉向讲堂隔壁的一个独立房间，联想到沿途所见，南师意识到，今天老蒋先生也来听课了。

当时在台湾岛内，听南师讲诸子百家的中华传统文化已俨然成为"根在大陆"的国民党政军各界要人的习惯和依赖，聚集在南师身边的"将星"数量越来越多，终于惊动了老蒋先生。那天，南师特别严重地强调了中华文化的兴亡与中华民族命脉的关联，以及国家兴亡的重大意义。

没过多久，传来一个重磅新闻：蒋介石先生在岛内成立了"中华文化复兴运动推行委员会"（后改名"中华文化复兴运动总会"），蒋亲任会长。这个决定与他听了南师那堂并未谋面的课有多少关系，并不是南师关注的。蒋公此举，对于中华传统文化在岛内的扎根与发展，实乃一大功德。

1975年4月5日，时值清明，蒋公逝世。南师深夜接到国民党"中央党部"的电话，那头告知：蒋先生走了，治丧委员会刚刚成立，正布置第二天供各方吊唁的灵堂，希望南先生撰写一副挽联，能够总结评价蒋先生的生平功过。

于公于私，南师都无法拒绝这个"政治任务"，遂答应下来，并于第二天一早送了过去。南师说：能够决定指派这个任务给他的，只有一个人，那就是小蒋（蒋经国）先生。

南师给蒋介石先生的挽联是：

勋业起南天　北伐功成三尺剑
神灵护中土　东方感德一完人

在大学堂的餐桌上,南师这样解释:不管怎样,蒋公在推进北伐、完成国家统一(哪怕是形式)上,功不可没,这也是他一生最辉煌的业绩。至于"东方感德",则有双重含义:其一,明指位于东方的中国;其二,暗指中国东方近邻的日本,也应该感恩蒋公。作为"二战"战胜国的国家元首,是蒋公拍板,放弃了对日本战败国、侵略国的赔偿诉求,以体现我仁义之邦、以德报怨。

南师认为,蒋公的离世,未尝不是一种解脱。当时共产党领导的中华人民共和国已在联合国拥有合法席位,这对于始终坚持"中华民国"才是"正统"的蒋公而言,无疑是一大打击。南师说,他当时脑子里还有另外一副挽联:

留得残山剩水　最难料理
际此狂风暴雨　正好收场

对于蒋介石与毛泽东的关系,南师有自己独到的见解:二人既是对手,也是知音。蒋公去世一年多,毛泽东也去世了。要知道,失去了对手和知音的人,精神、心理上会无比孤独。

南师由此又谈到他眼中的中国现代历史上的"三个半人":

孙中山先生有理想、有抱负,是个了不起的人,但没有当政就离世,只能算作半个人物。

另外三个:袁世凯是一位,他有很好的机会,但没有把握住。他如果不当皇帝，向民主自由这条路发展，中华民族就不是现在这个样子了。果真如此，袁就有机会成为像华盛顿一样伟大的人物。

第二位是蒋公。抗战胜利后，他的声望在中国和全世界也都到了顶点。如果不闹国共分裂，他也不会退守台湾。

第三位是毛泽东，他统一中国，成立了中华人民共和国。朝鲜战争，使毛泽东的威望达到了顶点。中国近代一百多年，只有被外国人侵略欺侮的记录，抗美援朝把美国打了个求和，确实了不起。但遗憾的是，他晚年发动了"文化大革命"，致使社会的发展整整耽搁了十年之久。

资助"潜伏"者

2011年前后，电视里正热播谍战剧《潜伏》，片中的人物、情节一时成为大家热议的话题。一日，在大学堂的餐桌上，南师也讲了他在台湾的一段特殊经历。

20世纪60年代初期，大陆正值"三年困难时期"，民众生活艰难。经常会有一些身在台湾、家在大陆的人，通过香港等各个渠道偷偷汇款或捎物到大陆，用以资助接济身在困境中的家人。彼时，两岸仍是"解放"与"反攻"的敌对状态。虽然这种给钱送物的行为涉嫌"通共""资匪"，但国民党情治单位的人多也睁一只眼、闭一只眼。

某日，三位在台湾当局担任参议之职的浙江同乡，到南师的台北寓所道别，说要转道香港回浙江老家，特来辞行。彼此相熟，南师一如往常，家宴款待，临别还资助了一些盘缠路费，尽同乡之谊。时隔不久，消息传来：这三人原来是共产党的"潜伏特务"，因为事发逃回大陆了，据说，其中某人还是接受中共最高层直接领导的。

给南师报信的人也是国民党情治单位的一名高阶军官，经常听南师的课，怕南师背上"通共""资匪"的罪名，而这几人在离台前最后见的就是南师，所以善意提醒南师早做准备。

南师当晚接到消息，第二天一早便只身前往某情治单位，递上自己的名片，求见该单位的负责人，说自己是来"自首"的。

南师说："我只知道他们是台湾当局的参议，是蒋先生的助手。既然连你们都不知道他们是共产党的'潜伏特务'，我又怎么可能知道他们的真实身份。""如果你们一定要定我个'资匪'的罪名，那我自己送上门来了。"

情治单位的负责人正准备去找南师"问话"，不料南师主动上门、以攻为守，一时也没的发作，考虑到南师的特殊背景和在岛内的声望，就笑脸相赔、好言相抚，事情不了了之。

如果把资助"共产党"同乡当作南师的无心之举，那么救巨赞法师脱险，却是南师有意的出手相助了。

1948年初，南师在国民党大撤退前先到了台湾。当时的国民党当局大势已去，对大陆国统区的民众采取了更加高压的统治手段。南师意外得知，杭州武林佛学院院长巨赞法师（按：1949年后担任首届中佛协副会长），正直善良，德慧双修，他因与中共保持着秘密往来，已经上了国民党抓捕的名单。听闻消息，南师焦急万分，先是找自己的同事故旧，托人情做工作，后又专程奔赴南京，以自己与国民党高层的特殊关系，终于使巨赞法师脱离险境。

所以南师说，你们看电视里演的是别人的故事，而他则是历史事件的经历者。真实的情况，有时远比影视演绎的更复杂、更惊心动魄。

访日的故事

1969年11月，日本盖了一个徐福庙，邀请台湾地区"文化访问团"参加落成典礼。何应钦是访问团团长，他邀请南师以学者身份担任访问团顾问，这也是南师生平第一次到外国访问。

一周时间，除了参加既定的活动，还同日本学术界进行文化交流，南师做了《东西文化在时代中的趋向》的报告。11月11日下午，在东京的东方文化座谈会上，南师应邀讲话，受限于口音和翻译，许多观点未能准确传递给日本。返台后，南师写了《致答日本朋友的一封公开信》，发表在11月30日台北《"中央"日报》的副刊上（收录在《中国文化泛言》中）。

事后，同行的访问团成员感慨道："这次到日本，幸亏有个南怀瑾，否则我们中国人会大丢其脸！"

原来，日本派出的参加文化座谈的人，都有很高的中国文化素养，其中还有唐诗专家，他们曾临场作诗，请台湾客人即席唱和。台湾访问团的人面面相觑，不要说会作诗的人不多，就是作诗，大概也须搜索枯肠、假以时日才能成句。眼看要丢人现眼了，南师出面应和了一首诗，才算解了围。

这些日本学者当中有一位木下彪，曾任天皇宫廷文官，是个汉学专家，更是一位唐诗大家。南师在日本时，二人一唱一和，结成诗友。

南师和木下彪，彼此言语不通，翻译又词不达意，亏得二人都精通中国古代文字，就直接借助中国古文笔谈，于是有了下面一段有趣的对话。

南师说："你们战败投降了。"

木下彪说："日本是向两个中国古人投降的，一个是'苏武'，一个是'屈原'。'苏武'者，苏联的武器也；'屈原'者，屈服于美国的原子弹。"

南师说："蒋委员长对你们太大度了，没有要你们赔偿，还把俘虏都送回去了。这是中国古人的道德：以德报怨。"（按：无独有偶，大陆也没有让日本赔偿。）

木下彪说："难道你不满意蒋委员长的政策？"

南师答："我是觉得太宽大了。如果换作我是领导人，不会这样做。"

木下彪说:"那你意欲何为?"

南师说:"很简单,你们日本人想侵占中国,从明朝开始一直到这一次大战,已经七八次了。明朝开始,你们想把日本的首都摆在宁波,韩国的汉城做陪都。假使我做领袖,你们不是想侵占中国吗?你们投降以后,我把你们所有的兵、所有的老百姓,通通接过来,分散到中国各地。然后我派苏州两三个县的人到日本去,帮你们看守日本。"

木下彪说:"好在你不做中国的领袖,否则,日本从此没有了,一切完蛋了!"

战败的奋起

曾听南师回忆说:日本方面"精心"安排,很大程度是冲着何应钦来的。因为抗战胜利,何是中国战区接受日军投降的代表,日本人想借着文化交流的名义,找回点面子。

访日期间,另有一个小细节也被南师捕捉在眼里。旅程中,南师不小心散落了自己的行李,一位日本少年主动上前,帮他把散落一地的书籍捡起并送上火车。南师正要掏钱酬谢时,少年一个标准的敬礼,转身而去。

事后,南师对友人赞叹"这个民族很快就会起来",并摇头叹息:"那我们可怎么办哦!"

佛门楹联

星云法师在今日两岸之佛、俗两界,算是一呼百应的风云人物。但他在台湾初创佛光山寺时，曾历经艰难，也因此与南师产生了一段特殊的因缘。

佛光山寺地处台湾高雄，殿宇重重，廊柱众多，初建成时急需大量楹联。1978年中秋，南师南下佛光山寺。星云法师陪同参观后，提出请南师题拟楹联。南师不便推辞，答应回去完成"作业"。据学生回忆，南师回到台北居所，当夜在与诸学子谈笑间的两三个小时里，信手拈成21副楹联，令人称绝。

2015年9月，老太庙文化广场落成，廊柱上用何楹联也成了问题。一个偶然机缘，我看到李慈雄先生请人印制的南师《佛门楹联廿一副》，如获至宝，从中选取了部分具有普世教育意义，又适合本地、顺应当下的楹联，托请老太庙兼职住持宗性法师，求得国内数位高僧、大德书写墨宝，刻制于廊柱。南师泉下有知，会同意我们用此方便法门的。

"大家"是怎样炼成的

常有人问：像南师这样的大家、鸿儒，究竟是怎样造就的？以我对南师的点滴观察，觉得与他个人的天资禀赋、独特的人生经历，以及特定的历史时期分不开。所谓"时势造英雄"，时势同样可以成就一代大家。用朱清时院士的话说，像南师这样的大家，也许五百年才能出一个。

近现代的中国历史，外忧内患、纷繁复杂、诡谲多变，生逢乱世，既是不幸，也是大幸。南师说，在抗战时期的大西南,有时喝一个早茶的工夫,就可以在一个普通的茶馆里,同时遇到好几位当时国内顶尖的大师级人物,可方便随时请益。这样的机会,对于生长在和平时期的人来说,很难遇到,也求之难得。

从南师身上,我们看到的是一个儒生、儒商、儒将的综合体,那种睿智豁达、特立独行、洒脱不羁的魅力,实在非同寻常。这与他一生求学、问道、带兵、从教、办报、经商、授道、弘法等独特的人生经历密不可分。

传统文化的力量

我曾与一位去拜访南师的领导坦言：我们现在的好多政商界领导人，之所以喜欢那种被前呼后拥的感觉，是因为他们一旦离开了这种簇拥，便失去那种被"众星捧月"所营造出来的"高大"错觉。南师则不然，一袭穿了多年的粗布长衫、一根手杖，一个人远远走来，举手投足间自带光芒气象，无须任何外力烘托，也无法用言语形容，那种摄受力，让人肃然恭敬。这种由内而外的仁义礼智、浩然正气，就是中华优秀传统文化的正能量。

当代孔子

1985年7月，南师在旧金山入境美国，在海关办入关手续时，遇到了"麻烦"：南师从台湾离开时，带了满满几大箱的中草药，以备日常所需。美国海关的边检人员不给放行，因为他们没见过这些中草药。随行的学生颇费了一番口舌，还是没用。

学生情急生智，指着远远站在一边的南师说："这些东西是那位老先生的，他是中国当代的孔子，是你们美国国务院请来的客人。"

南师身穿长袍马褂,头戴黑色礼帽,手持一根手杖,气定神闲。美国海关人员被南师的不凡气度镇住,一时也没那么强硬了。

南师过来平静地说:"这些东西是你们没有的宝贝,你可以暂时扣着,但等我离开时,一定要还给我,我要带回自己国家的。"

海关人员一番内部商议,竟同意南师带着全部中草药入境了。

南师聊起,颇为感慨。他说,其实镇住美国人的,不是他个人,而是他身上这身穿戴行头,因为这也代表了中国的文化精神。那个年代,正是我们国人在心理上最自卑、最崇洋的阶段,似乎穿西服、打领带才代表文明先进。殊不知一个忘本的民族,才最被自己和他人看不起。

自从听了南师的这段经历,我参加完活动,去大学堂时,总会自觉地先解掉领带,并尽量少穿西服。

服饰固然是民族文化的一种表达,核心却是中华文化内在的精神气质,这是任何服饰都无法替代的。一些所谓的"儒商",穿着唐装,盘着手串,冒充文化人,门面装点得不伦不类,言谈举止和内在却是空洞庸俗,令人无语。

中医药的价值

前面说的美国海关的例子,其实还有一个重要的看点,就是南师对于中医药的重视和推崇。

在南师起居室的隔壁，有一间小小的中药房。除了自用，也提供给学生或访客。当然，南师会一再申明，自己并非执业医生，治病还是要去医院请医生看过。但以南师对传统中医药典籍的了解，一般的医理知识，他都了如指掌。他的学生中也不乏这方面的专业人士。

一次去看南师，他见我眼布血丝、舌苔发暗，知道我又应酬多酒了。当即关照人去拿了一小瓶香港产的"六味地黄丸"给我，还交代了服法用量。南师常说，传统中医学从理论到实践，都有后继乏人的危机。因为学习中医，首先必须学习和了解中国传统文化，而现在医学院校的学生，连繁体字都认不得几个，又如何去向"老祖宗"学习。这是让他忧心不已的事情。

他认为，中国文化的断层，导致人们对中华医药的价值和作用相当轻视，更有太多错误认识。南师之意，并非要后人简单复古、生硬模仿，时代变迁，迫切需要结合现代科学研究，推动中医药发展。

当他得知，绿谷集团研发的"四诊仪"意在利用科技将传统中医药理论导入实践，颇为欣喜。在"四诊仪"研发遇到瓶颈时，也是南师从生命科学和中医药的精髓之中，指出了改进的方向。每当有领导或医药界的人来访，他一定不忘推介一番。

生日是"母难日"

南师是最不喜欢过生日的一个人。一则是怕麻烦。每年农历二月初六那天,各地的学生都会赶来祝寿。虽然人多热闹,在他看来却是麻烦,也浪费了大家的时间。他会特意躲出去,以外出来回避庆祝生日这回事。

南师不愿意过生日的根本原因,是他认为生日是"母难日",不值得庆祝。相反,在这样的日子里,应该看望或纪念自己的母亲。因为每个人来到这世上,都是母亲的一次劫难,尤其是过去医学不发达的时候,妇女生养小孩是有生命危险的。所以,每当生日的时候,更应该加倍孝敬自己的母亲。

这就是南师,凡事都能指出事物的本末终始。

汉字的魅力

基于七都特殊的地理条件和文化优势,我们政府将发展文化旅游产业作为结构调整、转型升级的一个重要方向。在保护好环境、生态、水源的前提下,因地制宜发展特色文化、餐饮、休闲服务业。对于这个定位,南师点头认同。

为便于对外宣传推介,我们考虑设计制作一个体现七都特色的文化符号,把它运用到政府各类公共设施的识别系统中,包括道路指示、景观标识、办公用品等。

设计单位提供的20多个设计方案我都不满意,因为它们始终没有跳出用英文字母缩写变形的思路，而我坚持认为这个符号应该有中国文化特征，一目了然。受北京奥运会"京"字变形的中国印的启发，我要求设计单位以此为思路调整设计，结果设计出了如今使用的"太湖七都"的符号："太湖"是全太湖流域共有的，使用标准宋体；"七都"二字则用吴昌硕后人吴民先先生书写的石鼓文体，体现七都一带的人文历史底蕴。

代表七都镇文化标识的雕塑

我把印有七都文化符号标识的名片拿给南师看。我说，这也体现了传统文化，因为使用了汉字和中国印章的表现方法。南师看后，连连说好。

南师热爱汉字，他认为汉字是世界上最美的文字，无论是发音，还是书写、表意。认得 2000 个就可以看书读报；认得 4000 个就可以应付一般的写作，还可以组合应对不断出现的新事物、新含义。英文字母虽然只有 26 个，但每出现一个新事物都要新造一个词，词量越来越多，随着时间的推移，后人便很难记得前人所造的词义。而汉字的书写、篆刻，本身就是一门艺术。

可是对于现代人学习汉字的情况，南师也颇有深切的忧心。

在他看来，中华传统文化在民国后经历了两次"腰斩"：一次是五四新文化运动，学习借鉴西方现代文明原本不错，但是将对于国家积贫积弱的不满迁怒于儒家传统文化，就不对了。推广使用白话文的同时，一举打倒"孔家店"，等于把以孔孟为代表的中华优秀传统文化这个"婴儿"连同所谓文化糟粕的"洗婴水"，一股脑儿全倒掉，后遗症就是拦腰一刀的文化断层。

第二次则是简体字取代繁体字。这虽然方便了一部分人的学习使用，但长此以往，却是弊大于利、贻害无穷。我们老祖宗留下的传统经典都是用繁体字记载的，而现在的大陆年轻人，有多少能看明白繁体字的古文呢？有些字简化之后，原意、用途、用法都变得混淆不清。

经此"两劫"，传统文化的传承和延续几乎中断，传统汉字的魅力也不复昔日的光芒。

风水、相面之说

因为南师很早就以独到而又通俗易懂的方式讲述《易经》，便有人把南师视作"风水先生"，认为他讲的只是一些玄虚之学。更有人想方设法见南师，只为占卜前程、求吉问凶。对此，南师真是无奈又难办。

对于《易经》的地位和作用，毋须赘述，南师在《易经杂说》等书籍里都有明白无误的阐释。以我的理解，南师并不否认风水之说，只是所谓风水，随时因时、因势、因人而变。他经常会举北京故宫的例子，当初选址的时候，一定认为那里是风水最好的地方。但多少王朝在这里兴起，又有多少王朝在这里走向灭亡。同是一样的所在，兴也在此、败也在此。正应了"成也萧何，败也萧何"那句古话。所不同的是人，甚或是一个人的不同阶段。古人有"一德，二命，三风水"之说，排在首位的还是一个人内在的道德修养。

至于相面之说，也有很多人关注。我见过南师的一次"相面"之术。某日，南师的一位浙江远房本家，带着在国外求学的儿子来见南师。席间，南师看着小孩，对这位本家说：

"你不要给你儿子太大的压力了。"因为他看到这个小孩双眉紧蹙、低头不语，除了拘束，还看得出内心的压抑。

南师还说："一个人的眉间距，以两指并宽为宜。"如果一个人长期压抑，必然眉头紧锁，久而久之，眉毛就打不开，就会影响身心健康。所以说，所谓相面，相的是面，依据的仍是内心。

三家店

传统文化，随历史演变，而有后人所谓儒释道三家之分，用处各有侧重，实意贯通不二。南师最为人所称道的讲解，就是关于儒释道"三家店"的表述,在《论语别裁》等书里都有记录。

依南师的说法:佛家(释)是百货店,商品丰富,琳琅满目,每个人都可以进去转转、看看,买不买东西,按各人所需、各人自便,不必强求;道家是药店,是用来治病救人的,病不可乱治,药不可乱吃,所以要按需取药;儒家是粮店,是生活的必需品,人一日不可断粮,所以是每个人都须臾不可离开的。

这是我所听过的,对儒释道最言简意赅、通俗易懂的讲解。

做一个"搬运工"

述而不著,一直是南师治学的态度。他经常会说,读书越多,越不敢下笔,所谓落笔千钧。大家现在看到的,除了《禅海蠡测》等少数几本书是他自己的作品,更多的,是南师讲述的传统经典。当然,这个"述",不是简单的、一般意义上的古文今译,而是结合了他自己的人生经验和治学体会在里面的。最珍贵的,是南师将各家各派的学问融会贯通,终成一家独到之言。

对于现当代一些人,把写作当成一件很随便的工作,动辄下笔万言,洋洋洒洒,却全是些空洞无物的废话。他认为,这样的书和文章,浪费了他人的宝贵时间和资源,害人误己。相信大家和我的感受一样,现在的文艺作品,产量多了,却不见或少见有质量的、能够留传后世的精品力作。南师举了清代翰林院大学士纪昀的例子,纪算得上一代文化大家,但他真正留传后世的著作却只有一本《阅微草堂笔记》。可见读书越多,越不敢轻易动笔。

传统典籍浩如烟海,而南师所做的,就像一个"搬运工",把传统文化的经典要义,用现代普通人明白畅晓的方式讲解出来。他这个"搬运工",一做就是一辈子。传统典籍浩如烟海,凭南师一己之力终究有限,这或许是南师"忧患千千结"之叹的由来。他多么期待有更多的年轻人能承担起传承文化的使命和重任。

史学与文学哪个更可信

据南师介绍,他读书很杂,既读经史子集,也看各类野史小说,并且是夹杂着读。他认为,这可以起到休息大脑的作用,不会觉得累。

还有一个更重要的原因,是他一直认为,古代的笔记小说,有着史家所不能及的记录作用。我们现在所看到的历史史料,因成王败寇或政权交替、帝王喜好,记载未必真实,而文学笔记小说,表面上说是虚构的,但人物和情节往往描述的却是史实。

就像中国人的哲学思想,不像西方那么严谨艰涩,它寄托和隐含在美好灵动的诗词歌赋和文学作品中。所以，南师认为，研究中国的历史、哲学乃至宗教、科学，都应该好好研读古代的文学。

最典型的，莫过于我们熟知的《西游记》《红楼梦》《三国演义》《水浒传》这四大名著，因为它们是普及度最高的，影响和改变了历代中国人。就像南师所说，中国历史上那么多状元、宰相，有多少能被大家记住？但孙悟空、贾宝玉、张飞、武松这样的文学人物，却是家喻户晓的。抗战时期，很多国人，其中大多数是没受过多少教育的农民，能够舍身就义、保家卫国，不是因为他们接受了多少"三民主义"或"共产主义"，影响和改变他们最多的，恰恰可能就是他们读过的一篇传奇小说，或者是听过的一部评书演义。

南师让传统经典普及化，让大家先能够接受，进而才谈得上教育人、影响人、改变人。所以，用心听南师的课、读南师的书，会让人觉得很轻松、很愉悦，在不知不觉中，受到了熏陶。

文化是千年的事业

2015年9月，各地隆重举行了纪念孔子2566周年诞辰的活动。遍布全球的孔子学院成为我们国家文化"走出去"的代表。不难看出，孔子的影响，历久弥新。一部《论语》，虽经千年而不衰。从这个意义上说，一个孔子，抵过千百个帝王将相。

做文化是做千年的事业，容不得半点马虎。可以说，在这方面，南师是当代最杰出的人物。我相信，南师的述著是可以留传千年的。我们常听到某某企业要做"百年企业"，又或者某某商家是"百年老字号"，却很少听说要打造"千年的企业""千年的老店"的。可见，与传承千年的文化事业相比，我们的一些企业家眼光还是短浅的。

当前，我们正面临实现中华民族伟大复兴的历史机遇期，而中华文化的复兴，是题中应有之义。要实现文化的复兴事业，更需要付出加倍的努力，需要更多像南师这样的有识之士，矢志一生，辛勤耕耘。

20世纪七八十年代，南师在台湾时就预言：你们不要看大陆现在穷、经济落后，只要他们政治上不犯错、不折腾，没有大的天灾人祸或战乱，给他们二三十年时间，经济一定可以起来，走到世界的最前列去。

中国的历史也已经反复证明，只要有数十年的太平日子，就可以形成一个盛世，可见经济的复兴不难。而文化一旦出现断层，再要接续，要经过多少代人不懈的努力才行。

学问与做人

在南师的日常讲课和对学生的教导开示中，经常会讲到做学问与做人做事的道理。他说，学问不是知识，智慧不是聪明。学问是从做人做事上来，又往做人做事上去的。做事先做人，做学问同样首先要有一个正确的做人态度。刘雨虹老师在她的一篇关于"人分四等"的博文中，形象地讲述了学问与做人的关系。这里，我把它归纳引述一下：

第一等人"有学有术"，就是学问修养很高，做人做事的办法很灵活，这样的人堪称完人，难得一见；

第二等人"有学无术"，就是学问道德、个人素质很好，但做人处世却缺少方法，不够灵活，因而只能自处而不能处人，历代先贤圣人大多是这样的人；

第三等人"不学无术"，就是既无突出的个人修养，但也不会为非作歹，各方面都一般，属于芸芸众生，大多数的普通人是这样的人；

第四等人"不学有术"，属于人品修养不够，却头脑灵活、手段很多，这样的人，一旦得势，必然为害社会，甚至祸国殃民。

这些应该也是刘老师从南师那里得来的教益，足见做人处世对于严谨治学的重要性。

受刘老师的博文启发，我突发感想，由古至今的政府各级官吏未尝不是由四类人组合而成的：

第一类是廉吏，这类官员注重洁身自好，但未必肯做事、能做事。

第二类是能吏（或者叫干吏），这类官员能做事、会做事，但也易出事。

第三类是墨吏，这类官员私欲膨胀，贪腐成性。

第四类是酷吏，这类官员热衷严刑峻法，做事未必行，整人有手段。

其实还有一类，应该属于庸吏，这类官员因循守旧、墨守成规，不求有功、但求无过。

当然，官员往往不是单一类型，更多的是混合型的，他们共同构成了官场的众生相：既是廉吏又是能吏，应该是上下期盼的好官，堪当"有学有术"；只是廉吏，并无做事的能力，只能算"有学无术"；现实却往往是能吏与墨吏、能吏与酷吏、墨吏与酷吏最易结合，这类人应算作"不学有术"；而大多数碌碌无为的是庸吏，应该归入"不学无术"之流。

英雄和圣人

英雄与圣人，是中国人所崇敬和仰望的。能够流芳千古的，也往往是这两类人。英雄与圣人，虽然都能名垂青史，但两者却有着本质的区别。到底差别在哪儿，少有人说得清楚，而南师的概括，最是清楚明了。

他说："英雄征服了天下，但没能征服自己；圣人征服了自己，却不要征服天下。"至于英雄为何"没能征服自己"，南师道："英雄难过美人关。"让人在莞尔一笑中，明白了许多道理。

由此，也牵涉到一个重要的话题，就是传统儒家文化所强调的"内圣外王"之道。其实就是希望能够做到英雄与圣人的结合。所谓"内圣"，就是要内修"圣人之德"，"格物、致知、诚意、正心、修身"；所谓"外王"，就是要外施"王霸之术"，"齐家、治国、平天下"，走的是英雄的路线。

事实上，能够真正做到"内圣外王"的人极少。绝大多数历史人物也只是应了南师那两句话的概括。

专才及通才

中国传统文化的教育方式，注重通才教育，这一点也是南师所看重的，他就是一个通才的代表。所谓"文武合一、古今合一、中外合一"，强调的是：一个人，首先要有健康的体魄、健全的人格，进而要有完整的、全面的知识结构，在这个基础上，再各有所长，成为各领域的专才。这样的人，可以徜徉于古今、独步于天下。

在对太湖国际实验学校学生的毕业讲话中，南师也反复强调希望孩子们"要做顶天立地的人"，对父母家人、对社会、对一切生命，要知敬畏，要懂得感恩、回报。

近代，尤其是达尔文的进化论思想传入中国以来，国人对国外自然科学突飞猛进的发展心生敬畏，进而对老祖宗的传统教育方式，因破坏而由怀疑终至放弃，一味追随西式的专才教育方式。对于刚刚咿呀学语的幼童，外语替代了国文教育，传统的经典被当作"不合时宜"的"糟粕"弃之如敝屣;中学生早早被文理分科,划定了量身定做的发展方向;而大学的分类、分科则越来越细。整个教育体系,沦为一套培养单一思维模式的流水线,教师成为工具,学生成为产品。

对于这样的教育现状,南师痛心疾首。他认为,12岁以前的小孩,正处于习惯养成和记忆力最佳的年纪,没有受到太多不良习性的浸染。而成年人,他常常感慨"教育无用论",就像一块画布,上面已经涂抹太多,再修正难度很大,但也不能放弃。

所以他在近90岁高龄时,还一手创办太湖大学堂和国际实验学校。南师形象地把它们比作"一亩实验田",意在尝试探索一条结合东西精华文化的教育路线。

书是要读的

"书是用来读的,不是看的。"在太湖大学堂,经常可以听到南师用颇为严厉的声音,告诫身边的学生甚或一些向他索书的访客。按南师的说法,所谓"书声琅琅"是有道理的。

读书发出声音,方能入心入脑,这样记忆的效果,强过看书十倍、百倍。对于好的文章作品,特别是对于一些诗词歌赋类的文学作品,你只有在朗读的过程中,才能感受到那份文字的意境和美妙。并且对于不同时代的作品,还要学会用当时的官话去读,效果才最理想。可惜古人很多吟诵的方法都已经渐渐失传了。

南师在讲解经典前，也会要求大家在某同学的领诵下，集体朗读一遍，再开始讲解。他自己也经常会示范吟诵的发音方法。

当然，南师所指的这个"书"，应该是经受住时间检验的、能够传承的优秀经典，而非当下充斥眼球、粗制滥造的印刷物，更非那些生编硬造、昙花一现的媚俗文字。用陈寅恪先生的话说，就是要读"老书"、读"原典"（原籍经典）。

南师的宇宙观、生命观

一个偶然的机会，在家观看《宇宙的起源》系列纪录片，发现其描述的人类目前所了解和认识的宇宙起源科学知识，与南师讲解的佛学、唯识学等有关宇宙方面的知识，有异曲同工之妙。

这也印证了南师经常强调的"佛法是超科学、超宗教的"，"现代科学已经证明的，佛学都有表述；而佛学所阐释的，现代科学尚未完全证明，不能就认为是不科学或是迷信的"。

人从哪里来，人往哪里去？一些貌似简单的现象中，其实蕴含着丰富的人生哲理和智慧。南师用他过来人的真修实证、融会贯通的百家学问和独特精辟的人生见解，用浅显生动的语言加以阐释，用心之专、用功之深，无出其右。

南师的晚年，特别注重唯识学和生命科学的研究。他所创立的太湖大学堂，也与国内外一些大学和科研机构建立了联系与合作。

这方面，受影响和启发较大的，当数中国科技大学原校长朱清时院士,他因为自己的一篇物理学文章遇到了困扰,后受南师讲课的启发,写出了《物理学步入禅境》的论文,广获好评。同时,朱院士也领受了南师交给他的一个任务:用他所掌握的科学知识,从科学家的视角,把佛法中的超越科学的见解证明并科普化。

无论有神论者还是无神论者,尊重实证的研究态度是不会错的。

另一件憾事

南师在台湾时,创办了老古出版社,并指派自己的学生打理负责,专门从事传统文化典籍的整理出版。20世纪90年代初进入大陆后,南师也有同样的一个心愿,就是要成立自己的文化出版公司,除了出版自己的著述,还要加快文化典籍收集、整理和出版工作。

虽然大陆这边的出版社很多,愿意出版南师著作的也不在少数,但他一直希望可以有一家自主的出版单位。遗憾的是,由于两岸文化出版政策的不同,直至南师辞世,他的这个愿望始终没能实现。

这不能不说是南师心中一件永远的憾事,也是让我深感自责的一件事。虽然这并非我职责权限内可以解决,但作为一方"父母官",没有能很好地帮助南师完成这一心愿,也是我的一个终身遗憾。

出世入世的教导

对于南师的精神事业、道德文章，无论是"上下五千年，纵横十万里；经纶三大教，出入百家言"的评价，还是他自己"一无所长，一无是处"的谦辞，我相信，历史自会有客观公正的评说。

我们普通人，也可以通过阅读南师的书籍、文章，观看影音资料，各有所悟。我相信，每个人，只要用心看了、听了，都会有启迪和帮助。在这个纷繁的世界里，大师难得，大家不再。但其事业永存，精神永在。

至于我个人，感受最深的则是他的"以出世的态度，做入世的事业"。

尹衍樑的一碗肉丝面

尹衍樑先生，台湾润泰集团总裁，"大润发"的创办人，是著名的实业家，也是追随南师多年的一名台湾学生。我与他初次相识却是南师辞世后，在太湖大学堂举办的一个纪念活动上。

2013年11月初，收到尹衍樑先生从台湾捎来赠我的一本

《尹教授的10堂课》,而我当时正准备应邀去往南京邮电大学光电学院,为应届大学毕业生做一个有关"青年人择业"的讲座。尹先生结合自身创业经历的这本书,正好给了我鲜活的案例。其实,关于尹先生投身实业的故事我听闻已久,其中也有南师的一份教化在。

1982年,尹衍樑从台湾大学商学研究所毕业时,正值对前途困惑迷茫的年纪,一个偶然的机会,看了南师关于讲解佛学方面的书籍,感觉茅塞顿开,萌生了出家的念头。

一次在同学的介绍下,尹登门拜见南师,求道问惑。南师了解其来意,并不直接回答,却问了句:"吃饭了没有?"尹回答:"没有。"南师回头就关照厨房:"给他下碗肉丝面过来。"

尹衍樑一头雾水:"南老师,我想吃素出家,你怎么让我吃肉丝面?"

南师以不容置疑的口吻说道:"等你吃完这碗面,我再告诉你为什么。"

盯着他把一碗肉丝面吃完,南师这才意味深长地对尹说道:"你的任务是在家,不是出家。"

尹衍樑说:如果没有当初南老师的这碗肉丝面,也许就没有今天的尹衍樑,也不会有大润发这个民族品牌的大卖场了。可见,南师一向是劝人积极入世,而非消极避世的。只不过入世一定要有一个好的出发点、落脚点,那就是要有利国、利民、利天下的出世情怀。

类似尹衍樑的例子不在少数。斯米克的李慈雄、绿谷集团的吕松涛等，都在创办实业、积极入世方面得到过南师的点拨和帮助。

1984年，李慈雄从美国的斯坦福大学获得博士学位后，先后供职于美国电报电话公司、波士顿咨询公司、世界银行等外企，却终究找不到归属感。他去征求南师（当时寓居美国）的意见，南师劝他回国创业，而且指点他应该到大陆的上海开创事业，而非他出生的台湾。因为在南师看来，今后中国的发展大势在大陆。只有拥有足够大的舞台，才能有足够大的事业。

南师经常会教导他的这些企业家学生：你们办一个企业，少则数百名员工，多则几万名员工，每个员工后面都有一个家庭。解决了这些人的就业问题，就等于解决了更多人的吃饭问题。这是最大的功德。这个功德不是吃斋念佛可以实现的。

修一条人间大道

在积极入世方面，最好的代表还是南师本人。

南师是中国大陆引入外资、以股份制形式参与修建了金温铁路的第一人，虽然历经波折，却意义深远。

当时南师寓居香港，来自家乡浙江的领导多次探望他，希望他能为家乡建设做一些贡献，而南师则建议大陆应该修一条金温铁路，并表示愿意提供帮助。一般人只想到，这大概因为南师是浙江温州人，所以他想为家乡人修一条铁路。其实更主要的原因在于，这条铁路意义特殊：它是孙中山在就任中华民国临时大总统时的《建国方略》中所提及的一条铁路，却迟迟没有建成。

然而南师似乎不以为意，也不愿多提及自己的作用，只希望造福一方人民。当金温铁路修成，他说："区区一条金温铁路算不了什么，我要修的是一条人间的大道。"这条大道应该就是贯穿了他一生的文化事业，也就是实践他年轻时发下的宏愿——重续中华百年文化之断层，真称得上一条人间的大道。

缺水是个大问题

2011年仲夏时节，全球纷纷出现了旱灾、水荒，电视里天天播放着各地缺水的新闻报道。一天傍晚，南师同大家一起在餐厅看电视新闻，突然说道："现在你们明白我为什么选择住到太湖边了吧。"又说："以后缺水会是个大问题。"

当我向南师报告，其实即便我们这一带，号称"水乡泽国"的江南，同样面临着水质型缺水的危机时，南师沉默了。所以，当我希望他为我们建设的太湖浦江源国家水利风景区题字时，他欣然答应。他认为保护好环境、生态、水源，是既利于当代，更造福后世子孙的大好事。

南师还鼓励学生中有经验和能力的人，积极投身到治沙、治水等工作中去，他用大禹治水等历史的经验教训告诉大家，中国人历来重视水利建设。历代王朝、政府，一项很重要的工作就是治水。

女性的教育

南师一直强调家庭教育，尤其是母教的重要性。因为每个人来到世上，最早接触的是父母，最先接受的是家庭的教育，而母亲对子女的影响又是最大的。所以他认为，对女性的教育更为重要，因为这是培养下一代的前提和基础。

此外，南师也经常提及当下一个非常不好的现象，就是往往条件越优越的家庭，其子女所接受的却是越糟糕的家庭教育。好多现代家庭父母忙于事业奔波，却把子女的教育扔给了老人、用人甚至司机。在这样的环境中成长的小孩，即使以后上再好的学校，其基础也是堪忧的。而这样的家长，无异于捡了芝麻，丢了西瓜。

南师的最后一堂大课，就是2012年"三八"节前后，在太湖大学堂七号楼大教室，为长三角一带500多名各界妇女所做的《女性的修养》系列讲座。

21世纪的不治之症

南师很早就说：人类在19世纪的不治之症是肺结核，20世纪的不治之症是癌症，而21世纪的不治之症则是精神病（精神方面的疾病）。

随着时间的推移，南师的这个预言得到越来越多的印证。物质生活的极度丰富并没能解决人们思想精神层面的需求，文化缺失、信仰迷惘、道德水平下降、精神懈怠等一系列的问题越发凸显。个人精神引发的极端案例不断见诸报道，引起整个社会一连串的诚信危机、信仰危机、道德危机。

这将是留给当代管理者和教育者的一个世纪难题。南师提出了他的预言，其实也给出了他的答案：那就是从优秀传统文化中汲取养分和精神食粮，来填补人们日益空虚的内心世界。并且他也是这样身体力行的。结果会怎样，在于我们自己。

做可传承的事业

一天，我去向南师报告对庙港社区、大学堂周边的环境建设思路和设想，我说：不建高楼，不搞华而不实的形象工程，不做前人建、后人拆的垃圾工程，尽量恢复江南水乡的风貌特色，为老百姓营造宜居的环境。重在环境整洁、生态修复、水体保护，体现可传承、可持续、不可逆转的理念。南师肯定和认同了我的思路，他说："我如果要住高楼大厦，就不到你这里来了。"

南师经常提到"事业"的定义："举而措之天下之民，谓之事业。"他认为：事不分大小，人不分高低贵贱，只要是有益于社会，有益于人类，有益于当下或长远，都值得去做。并且一旦认定目标，就应该矢志不渝，坚持到底。

不能犯的三个错

每个人的能力有大小，机遇也不均等。你有多大的舞台，就唱多大的戏。一定要客观理性地看待自己，量力而行，有所为，有所不为。千万不能好高骛远，脱离了自己的实际能力和水平，否则只会落得"心比天高，命比纸薄"的下场。

这是因为南师总强调，人有三个基本错误不能犯：

一是"德薄而位尊"，修养浅薄却身居高位。

二是"智小而谋大"，智能有限却谋划大事。

三是"力小而任重"，能力不足却承担大任。

历史上犯这三个错的人不在少数，结果虽事倍而功半，甚至害人误己，一事无成。

谋一域与谋全局

南师做学问的一个重要方式就是"经史合参"，过去发生的，是现在的借鉴；当下发生的，就是将来的历史。在拜访南师的众多访客中，不乏各级、各地的政府官员。从中央到地方，从两岸到欧美，各有所期，各有所得。以至于有人给南师加上了"政治顾问"的帽子。其实他所做的，只是用历史的经验观照现实，因人因事，指点迷津。对于那些求仙问道之徒，他是一笑了之。

古语云："不谋万世者，不足谋一时；不谋全局者，不足谋一域。"南师从解释历史上中央与诸侯间所谓"分封"制的初衷和由来，强调在中国实施中央集权的必要性和重要性。

他认为，中国目前的行政管理体制是先进的、合理的，相反，如果我们盲目效仿西式、美式民主，一定会天下大乱。其中很重要的一条，中国的国家领导人都有"谋一域"的历练和经验，而"谋一域"者也不乏"谋全局"的眼光和视野。这一点决定了我们的领导人远比"一人一票"的选举政治下产生的政客和官僚更懂得如何治国理政、亲政爱民。

有时领导者个人能力太强，如果处理不当，容易固执、偏激，反而会影响和干扰下属能力和积极性的发挥。他举了历史上项羽、刘禅的例子，告诉我们：真实的历史上，这两人的个人才能都不简单，项羽不是草莽武夫，刘禅也非"阿斗"，但他们却因为对个人能力的过分自负，不能容忍和发挥下属的作用，以至于众叛亲离，离心离德而失天下。所以，"才堪大用"与"刚愎自用"，有时只在一念之间，其结果却是天壤之别。

在南师关心的众多"谋一域"与"谋全局"的话题中，甚至也包含了诸如 GDP 考核、财政分配、分税制改革、房地产调控、信访维稳、校车安全、高速免费通行政策等许多具体而敏感的现实问题，也是困扰我们这些基层官员最大的问题。若非亲历，很难想象，一个九十多岁的老人依然可以做到"秀才不出门，能知天下事"。他对最新时事了解的速度和程度，令人惊叹。

他对每件事的分析，总能寻根溯源、因果分明，找到事物的内在规律和特点，并且结合他人生的经历和历史的经验，设身处地站在当政者角度考虑，体谅现实操作的难度，绝非"坐而论道"者的无病呻吟可比。

我们经常强调的"执行力"问题，也是南师所看重的。他对一些学佛的同学只停留在口头上的修持颇不以为然，认为学佛和做人做事是一个道理，既然发了愿，就要注重实证、实修，方能取得实效。

桃红柳绿　勤思少言

记得 2011 年 3 月的一个晚上，他对我说："你们太湖大堤上的垂柳很漂亮，如果能在柳树中间种上一些桃花，桃红柳绿会更漂亮。"回去后，我马上抓紧落实。大约一周之后，三百多棵桃树移栽到位，并很快开花，给原来略显单调的大堤景观增添了亮色。

当我将一组新拍的太湖大堤图片呈给他看时，老人家很开心，连连夸我办事认真、有效率，能够将他的信口一说马上去落实。我想，这可能也是南师愿意把一些事情交代我去做的原因吧。

南师还强调了"勤思少言"的重要性，因为一个人在说话的时候，大脑的供氧是不足的，他的思考必然也会因之迟钝，所谓"言多必失"应该是有科学依据的。

我知道，南师这些话与先前的短信提醒一样，也有告诫我的意思在。而我，虽然秉性难移，但却真真切切感受到了南师的这份关爱。每当我在处理事情中感到困惑不解的时候，我就会听取他的一些意见或建议，这已经成了我的一个习惯，也是我在七都工作的额外的福利。

南师的人情世故

南师是一个极重"礼"的人。即便是寻常的人情世故，他也一定入乡随俗，注重礼尚往来，绝无半点托大。每年的中秋、春节等传统节日，镇上照例会给太湖大学堂送去一些普通的节礼，以表达我们对老先生的敬意。每次一定会收到大学堂的还礼。有时甚至会先收到大学堂的节礼，而让我们感觉被动和失礼。

他常常会用杜月笙的"三碗面"（情面、场面、脸面）的故事来形容中国人对人情世故的看重。而这恰恰也是中国人的一种文化。用南师的话说，最欠不得的是人情债。我想，这大概也是他经常要躲开人群，不愿意过节庆生的一个原因吧。

平日里，南师访客众多，少不得迎来送往，这对一位九十多岁的老人来说，其实是一件很累人的差事。但只要见了，南师必定抖擞精神，无丝毫怠慢之意。用他的话说，自己是在做一个"陪说话、陪吃饭、陪照相"的"三陪"老人，可怜得很。

诗书传家是盛世，礼崩乐坏是乱世。孔子正因为身处乱世，才会著《春秋》、订《礼》《乐》、说《周易》，其目的，就是教化人心，回归传统。

南师平时常用朱柏庐的《朱子治家格言》教育大家："黎明即起，洒扫庭除，要内外整洁。既昏便息，关锁门户，必亲自检点。""读书志在圣贤，为官心存君国。"注重培养良好的修身齐家的观念是做人的根本。他时时处处在用自己的言传身教，体现着传统文化的精髓要旨。

会花钱才是本事

面对自己的企业家朋友或学生，南师常说的一句话是："会赚钱不是本事，会花钱而且钱花得有意义、有价值，才是本事。"

南师经常会以孔子的学生子贡为例，说明一个人做学问与经商挣钱的关系。子贡无疑是儒商的鼻祖，不但学问出众，而且经商有术。他凭借自己一流的外交和经商才能，游走列国，左右逢源，曾一人挂多国相印。但他经商却是为了实践其老师的理想。历史上的吴越之战，始作俑者正是子贡。当时，齐国准备攻打鲁国，孔子虽然游历在外，但想到母邦即将遭遇战乱，忧心不已。子贡主动请缨，游说诸国，将战火引向了齐晋吴越，驱散了笼罩在鲁国上空的战争阴云。

后世甚至认为，正是因为有经商理财的天赋，子贡才能够帮助孔子推广儒学，并使其名满天下、传承后世。孔子死后，也是子贡帮助选置了墓地，并为自己的老师守孝六年，非其他弟子可比。"人尽其才，物尽其用"在子贡这里得到了完美的诠释。

对于金钱、物质，南师也是看得很淡很淡的。用他的话说，每个人出生来到这个世上，都是握紧了拳头来的，但死的时候，都是两手松开走，什么也带不走。

他自己这样说，也是这样做的。无论是修金温铁路，还是捐款助学、设立奖学金、资助寺庙、帮贫济困，这方面的例子举不胜举。他的观点是，钱财取之于社会，用之于大众，这才是正确的财富观、义利观。

一次，浙江省宗教系统的两位领导来太湖大学堂看望南师。席间，南师很正式地说："浙江的佛教资源很丰富，听说灵隐、普陀这样的寺庙每年都有不少的善款收入，应该要让这些钱发挥应有的作用。浙江并不全是富裕地区，浙西山区有些地方还很穷，可以用这些善款去资助那里的医疗、教育。"他又说："你们是管宗教的，应该要让佛教界向有些洋教派借鉴学习。中国老百姓是很朴实的，为什么西方的宗教进入中国时间不长，发展那么快，信众越来越多？因为人家是从办医院、办学校、倡导互帮互助着手的，老百姓觉得它是做好事、行善的，自然就信它了。而佛教有些寺庙却没有做好这方面的工作。听说有些地方的寺庙方丈，银行存款几千万……"宗教局领导介绍说,普陀寺捐款数亿元用于修建跨海大桥,也在做造福社会的功德,南师点头。

批评别人要加上自己

南师对于一些生活小常识的开示,也让人受益良多。尤其是他从历史典故、人生经验出发,就更有说服力。做人的学问,是从教科书上学不来的。特别是对于涉世未深的年轻人,南师是抱着治病救人的态度,希望他们少走弯路,要善于从前人的经验中吸取教训,因为有些代价是付不起的。

譬如,他讲的一个如何批评人的道理,就很发人深省。平常大家习惯了"用手电筒照人",看别人都是缺点,却常常忘了自己也有类似的毛病。即使自己没有类似的问题,要想让人减少抵触,更容易接受批评意见,一个简单的办法就是"批评别人捎带加上自己"。也就是在说"你"或"你们"如何如何不对时,可以说成"我们"不应该怎样,或"我们"容易犯怎样的错。这样听的人不觉得刺耳,更乐于接受,回头自然会意识到你说的就是他自己身上的毛病,与别人并无多大关系。一样的意见,不一样的表达,效果却会迥然不同。

中国人是讲究尊卑有别、长幼有序的,不同的年龄、不同的身份,决定了你应该采取怎样的表达方式才更为妥当贴切。一般来说,上对下、长对幼,可以直白一些,无须太多顾忌;下对上、幼对长,则要小心谨慎一些为好,语气、措辞都要使用得当。但越是年长的过来人，反倒越不容易犯错。往往不注意的多是年轻人、处在下位的人，常常会闹笑话，甚至影响前途命运。

如何纠正领导的错

南师也讲到一种情况，在官场或职场时常会遇到，就是当你发现自己的领导或老板犯错时，你应该以什么样的方式去纠正？

一是要看场合。千万不可在大庭广众之下（比如会场或者人多的场合），当面直陈，图一时口舌之快，让领导当众出丑，下不来台。即使你的意见正确，领导也知道自己错了，却未必会接受，效果会适得其反。而且这样做，也容易让人觉得你有好表现、出风头的嫌疑。

二是要注意方式。要换位思考，找到一个既让领导不失面子，又能愉快接受的方式，比如可以说："我有一点补充思考，不知是否成熟，请领导把关。"比如可以私下递一个条子给台上的领导，以婉转的方式给领导提个醒。

三是如果领导不接受怎么办？一般情况下，当领导的更容易相信自己的经验和判断，轻易不会做出改变。如果你的正确意见未被采纳，领导继续固执己见，一意孤行，这时你千万不能自以为是，按自己认为正确的方法去执行，否则结果虽然避免了错误和损失，但是你也得不到表扬，只会得到一个阳奉阴违、不服从上级的评价。而是要按照领导既定的要求,不折不扣地去执行,你只需要做到不刻意、不做作,问心无愧。因为只有这样,才能让领导认识到你的意见的正确,同时,不怀疑你的职业操守。

当然,前提首先是要遇到胸怀宽广的好领导,否则,一切都免谈。南师以历史上汲黯和东方朔为例,他们因为遇到了汉武帝这样的明君圣主,才成就了直臣、曲臣之名。

南师就是这样,即便娓娓道来的一些生活"小贴士",看似细微,也处处闪现着智慧的光芒。他既有出世的情怀,更有积极入世的人生大智慧。

音容宛在　师道常存

南师学贯古今中西，声名远播。其治学治世之理念之所以广为传播，是因为南师真正做到了言传身教，身体力行，有教无类，诲人不倦。南师自己对俗世虚名看得很淡很轻，不在乎一时一世之评价。他生前从不愿意接受媒体对他的采访宣传，就连我们镇上制作介绍七都的专题宣传片，需要一组南师的视频，也是我自己偷偷用手机录下来的。

有缘与南师"亲近"的人很多，时间或长或短，各有受益。如今南师只履西归，大家应该做什么有意义的事，如何做到，是最重要的命题，有待我们自己交上答卷。

无门无派无弟子

俗语说"人怕出名猪怕壮"。由于南师的名声远播，经常会听到有以南师"入室弟子""接棒人""衣钵传人"等自居、自诩的人，在外面开堂授课甚至开宗收徒，更有人假借、冒用南师之名，或盗版南师的著作，骗取名利钱财。

这样的事情多了，自然也会传到南师耳朵里。有时去大学堂，偶尔也会听到南师身边工作人员向南师汇报"打假"的有关情况，但往往是打不胜打，防不胜防。由此，也更印证了南师经常说的"文化断层"的危害后果。

对于文字上的盗版、盗印，南师看重的倒不是经济上的损失，而是怕误人子弟。在他看来，文字工作是一项很严谨的工作，容不得半点马虎、偷懒，有时一字之差，意义完全不同，说"差之毫厘，谬以千里"，一点都不为过。留传后世，贻害无穷，这才是他所担心和害怕的。

也正因为如此，他对出版自己书籍的出版社的选择、对文稿的校对，乃至对责任编辑的选择，都是极重视的。对于暂时没把握或者认为时机不成熟的书，他宁肯压着不出。

对于那些欺世盗名之徒，南师同样是出于文化的考虑，他是怕这些人害人误己。对此，除了对个别的极恶劣之徒，采取必要的法律行动之外，南师是用独特的方式，表明自己的态度，即公开宣布自己"无门无派无弟子"。所以凡自称是他"弟子""接班人"等的人，都是"冒牌货"。由此也看得出，南师对这件事的态度是极严肃、认真的。

至少在他身边的学生们看来：这一则说明，南师认为历代圣贤自己并未宣称建立什么门派或属于什么门派，都是后世强加或假借的，而所谓的门派之争、门户之见，于学术本身无益，相反会贻害无穷；二则也说明，南师对自己所教这些后学晚辈的失望，认为找不到合适的继承他学术衣钵的接班人。

圣人身后　鸡犬升天

当然,"无门无派无弟子"不等于是要做"孤家寡人",南师大约也注意到了学生们的疑惑和担心,答应保留彼此间的师生称谓。所以,一般大家都称呼他"南老师"或"南先生"。

在南师眼中,"先生""老师""师傅"之类,原本都是神圣的称谓,可惜现在都被叫滥了,开车的、理发的、炒菜的……各行各业、不分老幼,都可以"老师""师傅"相称。所以南师自谦,自己以一个"教书匠"身份,做一回"老师",也算不得托大。

有一件事,或许可以从中看出南师在对待学生、弟子这方面的态度。

在食堂餐厅的一次课堂上,南师讲到有关孔子的著作时,说:"孔子的学生都是沾了孔子的光得以留名的,你们可不要想着'鸡犬升天'呀。"的确,一部《论语》,让孔子的很多弟子得以留名后世,而他们自己到底有多少学问,留下什么著作,却少有人问津。

南师的编辑

南师的常随学生中,出家、在家的都有,年龄从二十上下到九十出头不等,可谓三教九流,各行各业的都有。其中,小南师三岁的刘雨虹老师,是极独特的一位,她与南师有将近半个世纪的交情，堪称"亦师亦友""半师半友"。

用她自己的话说，从1970年南师邀她参加《人文世界》的编辑工作开始，她追随南师做了几十年的"义工"。这份长达半个世纪的相知、相识，让我肃然起敬。

刘老师出身于书香世家，年轻时毕业于南京金陵大学，就读过延安陕北公学、鲁艺，做过记者，后服务于驻台美军，任英文翻译。1965年，她从朋友处听闻南师大名，1969年底第一次听南师讲解佛学概论，从此成了终身追随南师的忠实一员。

而从南师对刘老师的态度上也可以看出，他是以友道相待的。由此也让我对这位老太太心生好奇，由于交谈甚少，以至于南师在时，我对刘老师倒更多几分敬畏。

及至南师辞世，由于要落实很多纪念、传承南师的工作，时常要请教刘老师，我才得以与刘老师有更多深入的接触与交往，始觉自己认识的粗浅。客观地说，最能体现南师文化精髓的一个人，非刘老师莫属。我想这大概也是南师生前放心由刘老师把关他的书稿的原因吧。

最让我感动的，是南师身后，真正在认真贯彻执行南师精神的恰恰也是刘老师。我曾经在南师辞世两周年的纪念会上说：作为南师的学生，在老师走后的岁月中，做得最好的无疑是刘老师。她用自己的实际行动，默默劳作、辛勤耕耘，坚守着南师的事业，继续完成着老师文稿的编辑整理工作，《〈禅海蠡测〉语译》、《话说中庸》、《孟子》系列、《南师所讲呼吸法门精要》、《太极拳与静坐》等多部南师遗著得以面世，另外，她也亲自撰写了《禅门内外——南怀瑾先生侧记》《东拉西扯——说老人、说老师、说老话》，并编辑《云深不知处——南怀瑾先生辞世周年纪念》等书稿付梓。

在刘老师身上，我仿佛又看到了南师的身影：一个不知疲倦的老人，一个使命重于生命的长者。而在南师身后，刘老师能够长住太湖之滨的七都庙港，既让我欣慰，也让我汗颜。欣慰者，我仍可以有时时请益的老师；汗颜者，我辈所做的，与刘老师相较，真正微不足道。

留下最后一课

南师的辞世，在海内外引起了广泛的关注，上至国家领导人，下到庶民百姓，大家以各种方式缅怀和纪念南师。南师以自己的辞世离场，再一次推动了国人对于传统文化的反思和学习的热情。南师的离世，也是留给我们的"最后一课"。

大师虽已远去，但他的事业仍将继续。南师给我们留下了太多的未竟之事、未解之谜，需要我们每个人用自己的方法、智慧，用心去解读、解答，书写好属于各自的人生答卷。南师生前常对身边的学生说："你们自己不用功，只知道问老师。总有一天，我不陪你们'玩'了。找不到我，看你们怎么办。"

文保单位与两岸交流基地

举办完南师荼毗仪式后不久，经吴江市人民政府批准，太湖大学堂被整体设立为"吴江市文物保护单位"（后变更为"苏州市文物保护单位"）。这既是对南师的恭敬和纪念，也有利于保护文物的完整性。

占地282亩的太湖大学堂，是南师生前所创的具有特殊文化价值的一个建筑群落，从外观到内涵，都是弥足珍贵的历史见证。

2015年9月，南师逝世三周年之际，也是老太庙文化广场落成之日，江苏省台办授予了七都（庙港）"江苏省对台交流基地"的称号，其中也包含了对南师在两岸文化交流中所做贡献的高度肯定。

南师创设的太湖大学堂成为政府部门"文物保护单位"

太湖大学堂部分建筑

老太庙文化广场作为"江苏省对台交流基地"

老太庙文化广场落成

前面说过，重修老太庙的起因，始于当地政府欠南师的18亩土地，但修庙毕竟与政府的功能不符，故而，我向南师提出，以老太庙文化广场的名义，既体现寺庙的定位，又突出了服务当地民生的主体功能。且用于修庙部分的费用，主要通过社会捐助筹集，政府主要负责其他配套文化功能设施建设。对此，南师首肯且强调：这个文化广场建成后，就是要服务于太湖流域周边百姓，教化民智，敦化民风。

从2012年9月上旬破土动工，至2015年9月底正式落成，整个文化广场的建设分三期，历时三载，恰与南师的三周年忌辰同步。

建设中的老太庙文化广场

第一篇　说不尽的南怀瑾

设于怀轩的"南怀瑾学术研究会"

老太庙文化广场一隅

太湖国学讲坛永久举办地——太湖大讲堂

从此,七都庙港多了一个百姓活动休憩的文化广场,也平添了一道粉墙黛瓦、绿树掩映的苏式风景,这个文化广场成了整个"南太湖文化产业集聚区"的重要组成部分。其中,还增加了由绿谷集团捐资建设的太湖大讲堂和七都政府与南京大学共同建设的"群学书院",前者作为"太湖国学讲坛"的永久举办地,后者主要是社会学的一个研究和实践、讲学基地。

在老太庙东首的"怀轩",则是由地方政府平台发起成立的"南怀瑾学术研究会"入驻使用,旨在团结凝聚一批有志于南师事业传承的学友,着手开展纪念、研究南师学术文化的相关工作。

太湖国学讲坛

举办"太湖国学讲坛",是南师健在时我就有的一个想法。客观地说,我当初是有功利的思考在里面的,因为有南师这块"金字招牌"在,正好又是"国学热",觉得如果南师愿意替我们扛这面旗,一定是可以做出特色,打出品牌影响力的。我也曾通过南师身边人,婉转提出过类似的想法,但得到的答复是南师不愿意被当作论坛的招牌使用。我的念头就此作罢了。

南师辞世后,方方面面都在举行纪念南师的活动,作为南师最后定居和辞世之地的七都,自然也不能例外,才又一次激发了我举办"太湖国学讲坛"的想法。以一个可持续的文化活动的形式来开展纪念南师的活动,可能更有意义和价值。且南师未竟的事业也需要各自传承,那么作为与南师有着特殊渊源的地方,更应该做一些有意义的事情。我的这个想法很快得到了南师学生、子女等方方面面的理解和支持。于是有了此后三年连续举办的"太湖国学讲坛"。

在每一年讲坛主题的选定上,我们也注重听取了各方的意见和建议。比如,2013年9月的首届"太湖国学讲坛",我们侧重纪念南师逝世一周年,更多带有缅怀和追思的成分,活动的主题选自一副对联:"佛为心、道为骨、儒为表,大度看世界;技在手、能在身、思在脑,从容过生活",选取其中的"大度看世界,从容过生活"作为主题。

"大度看世界，从容过生活"——首届太湖国学讲坛

"百善孝为先"——第二届太湖国学讲坛

"信为本"——第三届太湖国学讲坛

第二年、第三年"太湖国学讲坛"的主题,则分别对应了"百善孝为先""信为本",目的是每次讲坛明确一个具体的切入点,尽量避免内容的重复、交叉,努力使学者、嘉宾有话说,把道理说深说透,同时,又能与实践相结合,与地方开展的"孝贤人物"和"诚信企业、个人"相结合。

至于"太湖国学讲坛"这个名称的选定,我们也有自己的考虑,就是要区别于各种"论坛",侧重内容为先,防止形式化、官僚化,所以是半官方、半民间性质的。并且从第四届开始,讲坛将逐步转为由第三方独立承办,变成一个独立运行的主体,以此保证它的学术性和可持续性,避免受地方政府智力支撑不够和注意力转移的影响。

我相信，我们所做的这些，也一定是南师希望看到的，因为这有利于社会正能量的传播和传递。

南公堤文化长廊

西湖有"苏堤""白堤"，苏州有李公堤，太湖南岸有"南公堤"。

2013年9月，地方政府为纪念南师逝世一周年，将太湖南岸七都庙港段6.8公里长的太湖大堤命名为"南公堤"，并立碑以志纪念。我们还在大堤的步道两侧，间隔布置了数十块具有普世意义的"南师语录"铭牌，使之增加了文化的内涵和教化世人的作用。此举也得到了水利部门的支持和认可。能够使一条普通的防汛大堤与南师结缘，成为一条文化大堤，堪称美谈。

南师初来太湖，首先走的就是这段太湖大堤。当他看到杉木参天、林荫蔽日，不由得感慨：将来在这里骑一头毛驴，读书育人，岂非快事。由此，也加快了他与七都庙港结缘的脚步。

当然，我们更希望"南公堤"不只是一个纪念名称，而是具有活的内容的传承，真正把大堤沿岸建设成一条文化长廊，使其成为一个特殊的文化载体。以太湖大学堂为代表，一批文化单位慢慢在这里聚集。绿谷集团的"江村市隐"在此，刘老师、宏忍师等南师学生的"净名兰若"在此，登琨艳老师的

第一篇　说不尽的南怀瑾

南公堤

南公堤上的南师语录牌

"时习堂"在此。假以时日，我相信，南师所希望看到的传统文化的繁荣局面将率先在太湖边的"南公堤"呈现。

"庐墓"三年

南师"视儿女为天下人，视天下人为儿女"和"公天下"的博大胸怀，传为美谈。就我个人而言，真正与南师近距离交往的岁月，虽只短短两年略余，但那份情感却始终无法释怀，每每半夜醒来，都有痛失亲人的切肤之痛。

南师生前也给了我"家人"的礼遇，让我可以享受"免通报"的优待，南师的家人和学生也待我如亲人。所有这些，

南师办公桌

第一篇 说不尽的南怀瑾

太湖大学堂会议室一角

让我时时感受到一份特殊的温暖。

现在,我每次踏入太湖大学堂,那熟悉的场景依旧,先生的话犹在耳畔,但斯人永去,那份伤感和痛惜,每每使人神伤。

斯人已去,物是人非。此情此景,让人不舍,令人心酸。我在心里默默下了决心,要效法古人,坚守七都,为南师"庐墓"三年。

当然,作为"公家人",工作去留由不得自己做主。也因为如此,我专门向上级报告了自己的想法,既是考虑自己任内工作的延续性,也确有要在自己任内举办好南师辞世三周年纪念活动的想法在里面。庆幸的是，我的想法得到了领导的理解和认可，他们满足了我的愿望。

特别值得一提的，包括南师子女、刘老师等一众南师学生，都表达了希望我可以在七都多留些日子的想法。能够得到大家的认同，在我，也许是比提拔升迁更好的肯定与回报。我想，这也可能是我与南师因缘未尽的缘故吧。

重走南师路

举办完南师逝世两周年的纪念活动之后，我就在心里给自己默默定下一个目标：在尽可能短的时间内，沿着南师曾经的足迹，重走一遍南师路，感受大师的成长历程和博大胸怀。

2015年4月6日，清明时节，我来到了成都文殊院，看望并拜访了宗性法师。无须我多言，宗性法师似乎已知我的来意，亲自陪同我拜谒了南师的灵骨舍利，并参观了文殊院的镇院诸宝。在方丈院的会客室内，宗性法师向我详细介绍了当年南师在川康一带的一些重要经历，特别是他出关前后、发下"重续中华文化百年断层"之宏愿的情形。虽然此前早有耳闻，但身处其间，听宗性法师娓娓道来，我仍然感觉触及灵魂。

2015年10月9日，在南师辞世三周年纪念活动结束不久，我借出差之便，参访了厦门南普陀寺。此行一个重要目的，就是了解当年南师举办"南禅七日"的有关情形。幸得宏忍师推荐、联络，得到了南普陀寺方丈则悟法师的亲切会见，他向我

第一篇　说不尽的南怀瑾

作者与宗性法师合影

南师为南普陀寺筹资捐建的禅堂

介绍了当年妙湛法师邀请南师前来南普陀寺举办"南禅七日"的盛况，南师也由此踏上了回归故土的重要一步。实地察看当年南师讲学的禅堂，似乎一切近在眼前……

探访南师故乡

2016年7月6—7日，在台风"尼伯特"登陆前夕，我们一行数人驱车来到南师的出生地——浙江温州乐清，看望了南师留在大陆的两个儿子——年届八旬的南宋钏和南小舜兄弟，以及其他南氏后人。

作者探望南师长子南宋钏于其温州家中

第一篇　说不尽的南怀瑾

作者与南师次子南小舜合影于井虹禅寺

作者寻访乐清殿后村南师祖宅附近的灵狮石屏

看得出，他们并未受父亲的名声所累，秉持优良的家风家教，过着质朴而充实的平静生活。对我而言，这是一次"回家"之旅，也是一次"寻根"之旅。此行满足了我多年未竟的一个心愿：就是去南师的老家走走、看看。

在南师的出生地、

101

成长地、幼时居修的井虹禅寺,以及南氏的宗祠、家庙,我努力地从中寻找、分辨南师的踪影,感受大师诞生地的那份厚重与渊源。

　　南师曾经的足迹遍布祖国的山山水水,也曾经跨越大洋,游历海外,我虽无法一一涉足,却希望尽可能多地感受一二,以资慰藉。

答　卷

时间过得真快，转眼已是2016年的8月，南师四周年的忌辰快来到了，而我的这篇作业也终于在自己的拖拉中草草收尾了。都说慢工可以出细活儿，可我却越来越没有了动笔时的那份自信。

落笔之初，感觉想说的话千千万，待到落笔已无言。才发现自己的文字表达能力之不堪，词不达意，生怕交不好这份答卷，心里越发惴惴。但我始终记得刘老师那句鼓励的话："用心去写，只要能感动自己，就一定可以打动别人。"我想，至少我这样去努力了，每一个文字背后都寄托着我对南师深深的感情。这样的文字，是旁人无可替代的，也是容不得半点作假的。

2016年春节前夕，我去上海拜访南师的一位学生——曾得南师荫庇的上海东银集团的陈萍董事长，受到陈先生及其家人的热情接待，席间自然都是有关南师的话题。陈萍先生的一席话，让我印象深刻。他说："每一个亲近过南师的学生，都会感觉南师对自己是最好的。"我也生出感慨："每次大家只要谈及南师，总有说不尽的话题。"言毕，我忽然意识到，这不就是我百思不得的书名吗。以《说不尽的南怀瑾》为题，或许正可表达我对南师的那份无法言传的思念和感恩。

在举办完纪念南师辞世三周年活动之后的这些日子里，每到夜深人静，有关南师的点点滴滴，总会不自觉地冒出来，而我生怕漏掉记忆中的重要内容，第二天找不回来，索性在床头放一本便笺，以便可以随时记录，有时直接在手机"备忘录"里记录一二。一段时间下来，这样的记录、便条竟有五六十条之多，且不断涌现在脑中，而这当然也不可能是我关于南师记忆的全部。我相信，不只是我，所有与南师有过交集的人心中，都有一个"说不尽的南怀瑾"。

虽然我努力使自己的文字尽可能地客观公正、细致翔实，但由于个人视角有局限，加之准备的不充分，而全部文字又是在工作之余忙里偷闲断断续续完成的，因此难免有错漏缺憾。但若能让大家从不同角度对南师有更深、更真切的认识，于我心亦足矣！

查旭东

2016 年 8 月 2 日

第二篇

永不道別

吴江各界"南怀瑾先生追思会"上的悼词

最尊敬的南老师：

此刻，站在您的遗像前，千言万语涌上心头。您的谆谆教诲言犹在耳，有太多的话想对您说，可无论怎样表达，都不足以弥补我心中永远的痛。

七月大学堂一别，说好改日再来，不料竟成永别。今天，我们在这里追思缅怀您的道德、事业，您毕生致力于弘扬中华传统文化的道德人格，身体力行倡导改进教育、教化人心的崇高风范，厥功至伟。

您一生习武尚文，从军执教，贯通中西，著述等身，把深奥的道理说得简单明了，妙语自成一家，是当之无愧的儒释道大师，当代中国的精神导师。

您这样一位饱经沧桑、历经世事变迁的世纪老人，在1998年初识七都（庙港），为这里远山近水的开阔气势、独特的历史文化底蕴所吸引，2000年，您以83岁高龄，决定在这里兴办太湖大学堂，实现自己浓缩东西精华、传播国学文化的心愿。

2006年，太湖大学堂建成，您便长年定居于此，89岁开始结庐授课，堪称佳话。六年来，您以九旬高龄，公开授课五十余次，受教者无数；一年365天，读书修行育人，从无懈怠。

在太湖大学堂，国学文化薪火相传。七都（庙港）则有幸成为您实践心愿之地，同时，借由您的影响，沉淀着这一方水土的历史文化，将您的文化精神实践于社会发展之中，为地方的发展带来深远的影响。

您对这一块土地上的历史文化渊源十分了解和重视。您说过，这里曾是吴文化的一个中心，佛家思想、儒家文化兴盛，对于七都在传承这些优秀文化上的作为，您也都给予了最积极的支持。

2011年，七都镇以区域内优秀文化、自然生态资源，建设太湖浦江源国家水利风景区。您闻讯十分欣喜，不仅亲笔题写景区名，而且为景区的定位出谋划策——希望能将七都（庙港）的传统文化资源进行挖掘与整理，使其在现实中得以传承与弘扬。对于今年5月以来七都镇开展的推选"七都孝贤"活动，您更给予了高度的关注和评价，认为这是传统文化在新时代中的实践与发扬，意义深远。

您"上下五千年，纵横十万里；经纶三大教，出入百家言"。而最令人起敬的，除了您广博的学问，还有您济世的理想。您说，不要把儒释道只当作学问，最要紧的是做实修的功夫。

2012年，七都镇决定恢复重建曾经的太湖文化标志之

———老太庙文化广场。在这个文化广场中,将实现吴文化、太湖文化、宗教文化融为一体,集中展示。这个广场,作为一个人文文化的载体,将启发人们效法先贤,从我做起,点亮自己,照亮别人,共同建设美好家园与社会。

而这样一个文化项目,正是在您的大力支持与推动下,才得以顺利实现的。您亲自关心指点老太庙文化广场的选址、设计,亲笔为老太庙题字,更捐出18亩土地用作老太庙文化广场核心区建设,又派出国际知名大建筑师登琨艳先生,为老太庙文化广场做义务的建筑设计。特别是您和太湖大学堂的同学们共襄盛举,还为广场建设捐资350万余元,其中更有您自己100万元的稿费。您曾对我说:"哪怕只有一块钱,你也可以开始动工了,我会全力支持你。"

您曾说,自己既不是浙江的,也不是吴江的,而是属于中国的。您的博大胸怀和伟大人格,非我辈所能仰止。六年来,您在七都(庙港)的日日夜夜,影响着这块土地,也影响着这块土地上的每一个人。

您的辞世,是中华民族的巨大损失,更是七都人民的永远之痛。您暂时离开了我们,而您的精神与事业永存!

您的"小老弟" 查旭东

2012年10月19日

Never Say Goodbye

去年（2017）"五一"，在我离开七都工作前，前往庙港"净名兰若"，向刘雨虹老师等一众师友辞行。席间，刘老师用一首英文歌的歌名，来展开对我的"教诲"：Never Say Goodbye（永不道别）……

转眼已是2018年3月18日，到了南师百年诞辰的纪念日，周四（3月15日），收到刘老师托人捎来她新编辑出版的纪念文集《南师百年》，欣喜之余，回首与南师交集的岁月以及南师辞世后的五年多时间里，所经历和发生的一幕幕、一件件，不禁百感交集。而我首先想到的就是刘老师赠我的这个英文歌名：Never Say Goodbye，也许最能表达我此刻的一份心情。

首先，我们与南师之间是"永不道别"的。因为南师从没有离开过我们，他的精神事业、道德文章，光照千秋，福泽未来，让我们沐浴其中，受益无穷。尤其对有缘亲近过南师的众多学生来说，更是师恩永沐，福泽无边。感念南师的教化，让越来越多的人走上了热爱、弘扬传统文化的道路，让不同的人各有受益，或表或里，或深或浅，影响深远，厥功至伟。我们怎么舍得他"离开"?！就我个人而言，每当遇到挫折困顿，南师的身影总在眼前浮现；南师的谆谆教诲，犹在耳畔；南师的书籍文章，更如雨露甘霖，滋养着我的身心，指引着我前行的方向。这也更让我深切地体会到，每个亲近或接触过南师的人心中，都有一个"说不尽的南怀瑾"……

其次，我个人与七都（庙港）、与各位师友之间，也是"永不道别"的，虽然我因为工作离开了，但我对七都（庙港）的感情、与各位师友的联系并未中断，发生在七都（庙港）的些许变化，尤其是与南师相关的点点滴滴，仍牵动着我的心。抽空去老太庙广场坐坐，时时去拜会、请益刘老师、宏忍师、宗性法师等一众师友，更成了我生活中的一个习惯，我以此为乐、如沐春风。那份依赖和满足，若非亲身经历是无法体会的。作为我个人，是不舍、不忍，也不会与大家道别的。

在这纪念南师百年诞辰的特殊日子里，谨以这段小文，寄托我对南师的一份思念和感恩！

2018年3月

二月初六忆南师

夏历二月初六（今年的 2 月 28 日），是南公怀瑾先生 102 周年的诞辰。按照"生过虚岁、卒记周年"的习俗，南师如果仍在，应该已是 103 岁的老人了。

生日是"母难日"

南师生前是最反对庆祝生日的，因为在他看来，生日是"母难日"，是不值得庆贺的。再者，他也是不想给别人添麻烦。少有的几张庆生照片，也是身边工作人员瞒着他，趁他不注意，在"人民公社"的餐桌课堂上，摆上蛋糕、蜡烛，表达后学晚辈们的一份心意。更多时候，他都会高挂"免战牌"——概不见客或索性"躲"起来。

亲近南师的人都知道，他对自己的母亲是怀有极深沉的感情的。不止一次，听南师说起自己的母亲，真正做到了中国文化所说的"善终""不麻烦人"：除夕夜吃完一小碗米饭，第二天（年初一）早上安然辞世，享年百岁，无疾而终。

"老吾老以及人之老"

南师更把这份孝亲的情感升华为对整个家乡故土、老幼的无私关爱。从他助建金温铁路、把祖宅捐作老幼文康活动中心等诸多义举中,从他过往的一些诗文中,都能体会到一份深深的"游子"情怀。

在写给温州乐清政府的《乐清老幼文康活动中心赠言》中,南师说:"即以仰事父母之心,转而以养世间父母,且兼以蓄世间后代子孙。等身著作还天地,拱手园林让后贤。以此而报生于此土、长于此土之德。"

家风与家教

2016 年 7 月间,我来到浙江温州、乐清,看望南师的后人——长子南宋钏、次子南小舜及部分孙辈,受到了南师后人如家人般的接待,倍感温暖、亲切。

走进南宋钏大哥的家，屋内陈设简陋却干净整洁，一台老旧的台式风扇就是主要的家电了。小舜哥则不顾八旬高龄，不辞辛劳，亲自陪我参访井虹禅寺、殿后村、南氏宗祠、家庙、祖宅（南师捐为"乐清老幼文康活动中心"）等诸多与南师相关的去处。

作为南师留在大陆的两个儿子，他们自幼与父亲聚少离多，从小由祖父母、母亲抚育长大，成家立业、养儿育女。他们同大家一样，也称南师为"老师"，喜欢读南师的书、听南师的课，喜爱中华传统文化。小舜哥还自学了中医，并写得一手好字。即便在南师晚年回归大陆后，他们的生活也依然如故，未得南师半点荫庇。

2017年9月和11月初，南小舜、南宋钏兄弟先后往生，享年分别是81岁、83岁。此时正是南师辞世五周年前后，令人唏嘘不已。小舜哥赠我的手书《大同篇》，竟成了永别的纪念。

从他们身上，我看到了勤劳、质朴、敦厚、善良的中华传统美德，看到了南门良好的家风家教，也更深切地感受到了南师"视儿女为天下人，视天下人为儿女"的博大胸怀。

南师留下的最大遗产和财富，是他的道德、文化和思想。

在这个特殊的时节、特别的日子里，让我们以各自的方式缅怀南师，感念师恩！而最好的纪念，莫过于按照南师生前的教诲：做好人，做好事！

谨以此文纪念南公怀瑾先生102周年诞辰！

2020年2月28日（庚子二月初六）

南师身后事
——写在南公怀瑾先生百年诞辰之际

转眼快到南师百年诞辰的日子了,老师离开我们也已经整整五年了。

南师走后,最为外界所关心、关注的,可能还是南师身后的那些事。原本我和刘雨虹老师一样,都抱有一个善良的愿望,就是希望时间能逐渐消弭分歧、达成和解,让迷途者知返,事情能有一个妥善圆满的结局。

但事物的发展注定不以人的主观意志为转移。而我也于2017年6月,离开了工作七年之久的太湖七都,成了"局外人"。这里记述下一些个人的亲身经历和感受,当属于历史的一部分。希望起一个立此存照的作用。

"三愿"原则

2012年10月中旬,在"太湖七都文化旅游节"新闻发布会上,有记者问到南师的遗产遗物、著作权等有关身后事的处理,我当时表达了作为太湖大学堂所在地政府的想法,即希望南师身后事的处理遵循"三愿"原则:南师的遗愿、子女的意愿、学生的心愿。

在此之前，由东西精华农科有限公司和七都镇人民政府共同向当时的吴江市人民政府申报同意：将太湖大学堂整体设立为"吴江市文物保护单位"（后变更为"苏州市文物保护单位"），强调一切与南师相关的遗存、遗物，都应该原物、原址、原样保存。遗憾的是，由于种种主客观原因，有关文物的登记造册、完善管理等工作迟迟没能得以推进。（按：并致此后出现遗物散失的事件）

南师的后人

南师生前育有六个子女：老大南宋钏、老二南小舜，均已经年逾80，现居浙江温州，是南师与在大陆的第一任妻子所生，老三南可孟、老四南圣茵、老五南一鹏、老六南国熙，均是南师与在台湾的第二任妻子所生，现居于港台或海外。

说来可能没人相信，至南师离世，虽然我在七都与南师近距离交往也近两年，但与南师后人的相识，却是始于南师过世以后，因为协调处理相关事宜才有所接触和了解。在此之前，即使偶尔在大学堂的饭堂等场所相遇，也因南师后人对其均以"老师"相称，我也只当他们是南师众多学生中的一员罢了，并无任何单独的接触和交往。

南师的学生们

南师生前多次宣称自己"无门无派无弟子"，并直指："凡自称'接棒人''关门弟子'云云的均是'骗子'。"用语不可谓不重，也说明南师深知"门户之见"的害人误己。故凡看过南师的书、听过南师课的人，应该都属于南师的学生。毕竟有缘亲近过南师的学生是有限的，而在亲近过南师的这部分学生中间，是否常随，身在大陆还是海外，等等，情况又有很多不同。

其中，刘雨虹老师无疑是最杰出的学生代表。从1969年起，她以"亦师亦友"的身份，追随南师近半个世纪，用她自己的话说，是为南师做了半辈子的"义工"，直到南师辞世仍居留太湖，97岁高龄仍笔耕不辍，续写着南师的文化传奇。

南师育人的特点是"有教无类"。对于那些曾亲近过南师的学人的表现，刘雨虹老师有过一个精妙的比喻：《西游记》中下凡作乱的"妖魔鬼怪"，多半是各路菩萨大仙们身边的"侍女门童"；言下之意，在南师的学生中也是"鱼龙混杂"的。

还有一个颇为有趣的现象：中共"十八大"开展"反腐风暴"以来，曾有人戏说：不少被抓的高官，曾自诩是"南师的学生"，又有人说：抓这些贪官的，也不乏"南师的学生"。

南师子女的"声明"和"会谈纪要"

2012年11月上旬，南师子女联名在大陆《温州日报》和台湾《中国时报》上，发布了《关于南怀瑾先生遗产处置的声明》，表示将属于子女们的权益全部捐献给拟成立的非营利公益机构，并暂名"怀师文化基金会"。《声明》中指出，将多方邀请南师学子及社会贤达参与管理，并由该机构继续弘扬南师之精神与教化，回馈国家社会。

说实话，看到这个《声明》，刚开始我是有点担心的。毕竟我对南师的子女既不熟悉也不了解，作为太湖七都的"父母官"，我当然希望南师的遗物、遗存能更多地留在当地。

正是基于这样的考虑，2012年11月7日，我代表七都镇党委政府，主动约请南师子女代表南小舜、南国熙兄弟，在七都政府会议室进行了一次长谈，目的是要了解其《声明》的真实意图，并力争其支持和理解太湖大学堂所在地政府的合理关切。这也是我第一次正式接触南小舜、南国熙兄弟。

双方的会谈愉快而顺利，而我之前的忐忑、担心完全是多余的。南师子女代表的表态积极而正面：同意原物、原址、原样保存南师的遗物；同意在当地注册设立体现"公天下"的独立公益文化机构，管理使用南师的遗存；同意将南师作品在大陆的著作权捐赠给当地设立的公益文化机构使用。并且形成了一个《七都镇领导与南师子女代表会谈纪要》，作为双方的会谈成果。南师子女的行事和态度，充分体现了南师"天下为公"的博大胸怀和良好的家风、家教。

当然，这个《会谈纪要》的成果要真正落实，还需要太湖大学堂实际控制人一方的配合和支持。原本我以为有了这个

《会谈纪要》,接下来各方取得共识应该相对容易些。但后续的发展却与我期盼的结果相去甚远,甚至远远超越了我的想象。直至双方对簿公堂、诉讼纷起……

太湖大学堂的"主人"

众所周知,太湖大学堂是南师生前在中国大陆居留的最后一个场所,并且是由他亲自创办的一个文化教育场所。因此,从情理上讲,在南师生前,太湖大学堂的"主人"只能是南师无疑。

这一点,从南师处置政府所欠太湖大学堂的18亩土地、将其捐赠给老太庙文化广场一事即可看出:作为太湖大学堂的创办者,他是以"主人"(而非"宾客")的姿态做主、行事的。否则,以南师的修为,不可能贸然以一个客宾的身份去处置别人家的资产。

据时任庙港镇(七都、庙港两镇合并前)主要领导回忆,当时的庙港镇政府是在南师同意、授意下,由其指派常随学生办理太湖大学堂相关用地、办学等诸多手续事宜,并以相对优惠的价格,将太湖边300亩滩涂土地以农科用地的名义整体出让给东西精华农科有限公司。

从法理上讲,太湖大学堂所在的物理资产属于东西精华农科有限公司;而"太湖大学堂"所承载的无形资产,则又是属于南师个人独资设立的"太湖文化事业公司"所有。至于在太湖大学堂的建设过程中，南师的一众商界学生都做出过大小不等的财力、物力、人力贡献，则又当别论了。

我也曾经给双方建言，提出"搁置争议，共同开发"的方案，即由物理产权方无偿将太湖大学堂部分场地空间（产权不变），提供给公益性质的"第三方"（可以叫南怀瑾图书馆、纪念馆、研究会，或直接保留南师创办的"太湖文化事业公司"）管理和使用，属于南师的各类资源双方可以共享共用。让太湖大学堂在南师身后姓"公"（并非国有），正可践行南师一生秉持的"天下为公"的理念。

2016年11月初，我去云南大理出差，白天参观了洱海边南师题字的"青庐"别墅，晚上回到酒店做了一个很奇特的梦。梦中又遇南师，而我在梦中也知南师已经离世，赶紧向南师讨教，并列了长长的18个问题，其中最后一问，即是"我该找哪些人、做些什么事，才能妥善地处理您的身后事？"，而南师则淡淡地告诉我："你放心，不用着急，一切自然会有结果。"并给我列了一串长长的名单，有我熟识的，也有我并不认识的。

梦中醒来，唏嘘不已……

2017年8月3日

南师留"遗嘱"了吗？

我曾任职吴江七都镇（"太湖大学堂"所在地）党委书记（2010.08—2017.06），有幸与南怀瑾先生结缘，受南师教益颇多（参见拙著《说不尽的南怀瑾》）。部分亲历了南师生前身后的这段特殊时光，虽曾努力居间调停，却终因德薄智浅、力小任重，无功而返。如今我因工作已经离开，本可置身事外，但看到、听到一些不明真相甚或别有用心的人，置喙、质疑甚至诋毁南师及其后人的言论，出于对南师的感情，也是基于一份历史的责任和义务，有感而作此文。

如题，自2012年9月29日南公怀瑾先生辞世以来，这是一个很长时间以来被很多人问起的问题。

南师的身后事，原本是南师的家事，与旁人无关，不足为外人道。继承也好、赠予也罢，是非曲直，自有法律的裁判，清者自清，浊者自浊。但由于事涉名人，又牵涉纷争不断，在媒体、自媒体高度发达的今天，为各方所关注，成为一个社会公共话题，也就不足为怪了。

时至今日，我同大家一样，没有看到过南师亲笔的、成文的、法律意义上的"遗嘱"出现。如果有，或许也不会有这许多的歧义、纷争了，这也似乎正是外界所普遍为南师"抱憾"的。

南师并非仓促离世，以其智慧学识，要留一份完整、清晰的遗嘱，绝非难事。所以，我更愿意相信这样的观点：南师留的是"法"（即其生前的著述文章、道德思想），而非普通人所看重的遗产遗物的处置方案。那么，对于身后事，南师真的没有任何交代吗？

南师一辈子潜心佛学，又深谙中华传统文化精髓要义，其对死生、名利、传承的看法、观点，散见于生前的言传身教之中。从这个意义上说，南师是以其独特的方式，留下了广义范畴的"遗嘱""遗言"……

"无门无派无弟子"

南师生前即对一些人以自己的"入室弟子""接棒人""衣钵传人"自居，甚至招摇过市、骗名敛财深恶痛绝，故作出了"无门无派无弟子"的公开宣示，并说：凡自称是我南某人"弟子""接棒人"的，都是"冒牌货"，是"骗子"。而在另外一些时间、场合，南师忆及自己的老师袁焕仙居士当年曾经对他说过的话，袁公说："怀瑾啊，我现在可以轻松了，因为我已经找到你可以接我的棒了，而你今后就苦啰……"言下之意，袁老先生对文化式微、后继乏人早有远虑。也听得出，南师对自己的学生中无人可以承继事业流露出深深的无奈和失望。

"谁也别想'鸡犬升天'"

记得2012年5月的一天晚上,在太湖大学堂的餐厅课堂上,南师说及:一部《论语》使孔子万古流芳的同时,也让其一众弟子青史留名。南师由此而对身边的学生正色道:"哪天我走了,你们谁也别想跟着我'鸡犬升天',我一个衣角也不让你们拽着……"此言既出,满座寂然。从中不难看出,南师对于身边学生的态度非同一般地严厉,他是不希望看到后来者扛着自己的"招牌"沽名钓誉,而是应该凭借自己的真才实学去开创一番利国利民的事业。

"教育无用"论

南师一辈子,阅人无数,也育人无数,所谓"有教无类"。在他看来,教育者的工作是要因材施教,而不是只挑选优质的学生来教。因为越是愚、劣、顽的学生,越需要帮助和教育,教育也才有意义。由此也就能理解,南师身边的学生,并非个个"根正苗红",恰恰是"良莠不齐"的。

而在南师晚年,又常常生发"教育无用"的感慨。可见,一些学生虽经他悉心教育,却终秉性难移,收效甚微。这也正是他在88岁高龄时,仍坚持创办"太湖国际实验学校"的一大缘由，就是认识到教育必须从孩童抓起。而在他看来，成年人的教育，由于底色已经"染污"，很难再有根本的转变。

"自欺、欺人、被人欺"

在南师的课堂上、作品中，经常可以听到、看到他引用前人的一段话，并认为是"极高明的概括"，就是"任何一个人，一生只做了三件事，便自去了。自欺、欺人、被人欺，如此而已"。

以南师的智慧和经验，应该早已想到了自己的生前、身后，同样也会与"自欺、欺人、被人欺"相伴，既然是"任何人"，也就概莫能外了。南师的学生、身边人中，自然也不乏"自欺、欺人"者，而南师本人及其后人，也难免不"被人欺"了。

"捏紧拳头来，松开双手走"

关于生死、关于人类"贪嗔痴"的本性，南师早有精妙的阐述，他说："每个人来到这个世上，都是捏紧了拳头来，什么都想要，什么都要抓到自己手上。但每个人离开这个世界时，都是松开了双手的，什么也带不走……"

"仗义每多屠狗辈，负心多是读书人"

初听南师引述前人的这两句诗文，内心颇觉震撼：为什么书读多了，人却做"小"了？也曾听南师说过：书读得多，并不代表就是有文化。相反，一个目不识丁的村妇、老汉，其行为符合传统文化精神、合乎道德规范，就是优秀传统文化的代表。而当下的某些情形，恐怕非此不能解释了。作为追随南师多年的一些身边人、常随学生，自然应该算是熟读"诸子百家"、通晓"修齐治平"的"读书人"了，而在具体的利益面前，其境界、操守，却甚至不如寻常百姓、乡野莽夫……

"天下为公"

南师生前最后那年，题写了这四个字。这是他一生的心愿、行履的写照，更是对学生、后人的叮咛和"遗嘱"。南师后人，也作出了"将所继承南师遗产、遗物捐赠国家和社会公益"的公告，虽有人质疑其"作假""作秀"，但至少秉持、体现了南师"公天下"的情怀，当可告慰南师在天之灵！

我们常说："事师如师在！"南师的离去，未尝不是留给大家的一大功课，每个人都有自己的一份交代和答卷。也许，我们更应该去认真领悟、积极践行南师留下的这些"文字般若"……

最后，愿以南师生前引用的一首古诗，与大家一起自警、共勉：

书扇示门人

[北宋]　范仲淹

一派青山景色幽　前人田地后人收

后人收得休欢喜　还有收人在后头

2019 年 4 月 18 日

这些年,这些事
——致敬南师辞世十周年

光阴荏苒,弹指间,南公怀瑾先生离开我们已经十年了。2012年9月29日(夏历壬辰年中秋前夜),因为南师的离去而被世人铭记。有人说,南师以他的离世,在中华大地再次掀起了"国学热",成为他弘扬中华传统文化的最后一堂大课。有幸与南师结缘于其人生的终站——太湖七都,而南师的离去,也成了我人生一个新的起点。因为从那一天开始,社会失去了一位令人景仰的智者、长者,而我失去了一位值得信赖的明师、导师。秉持先生"以出世之精神,做入世之事业"的理念,尝试着用自己的方式、自己的脚步,去丈量此后的人生。以微薄之力,做微薄之事,做一些南师所教导和希望的事,以此回馈师恩,回馈曾经的拥有。

"老太庙"文化广场(2012年9月—2015年9月)

2012年9月上旬,在南师的倡议和支持下,坐落于太湖南岸的老太庙文化广场项目正式启动建设,至2015年9月正式落成,工程三期,历时三载。这个人文项目,倾注了南师巨大

的心力与教诲，南师用他个人的稿费捐助了老太庙的第一笔善款，并且其中主体建筑的18亩土地还是南师捐献的，整个广场的建筑和内容，融入了儒释道乃至诸子文化，目的在于人文化导，教育世人效法先贤，自强不息，自利利他。

"七都孝贤"评选（2012年9月—2014年9月）

2012年9月4日，与老太庙文化广场奠基同步举行的还有一项重要活动：首批8名由当地民众推举、公开评选产生的"七都孝贤"人物代表的表彰仪式（并由这些孝贤人物作为广场的奠基嘉宾）。此后两年又推选出两批孝贤人物，连续三年，共推选出24名，成为七都历史上的"新二十四孝"，他们的感人事迹也展示在新落成的老太庙文化广场的长廊里，以彰其德善。

此举同样得到了南师生前的鼓励和肯定。他认为本地模范的作用对于一个地方的民风教化非常重要。在首届"七都孝贤"的表彰仪式上，南师派出自己的秘书马宏达致辞：《孝行天下，德配千古》。

"太湖国学讲坛"（2013年9月—2018年9月）

2013年9月27、28日，南师辞世一周年之际，在太湖之滨的阳光假日酒店（也是南师2004年首次在吴江七都举办以"中国传统文化与生命科学、认知科学、行为科学"为主题的研讨活动的君庐别墅所在地），首届"太湖国学讲坛"如期举行。这是作为南怀瑾先生晚年定居地的地方党委和政府为了纪念和弘扬南怀瑾先生的学术精神与思想，努力将太湖国学讲坛和南师纪念活动办成一项具有特殊意义和深远影响的年度性文化盛事，发挥其在区域内外的影响力，打造"太湖国学"的文化品牌，建设社会主义价值文明的重要阵地与传播载体。

作为一个乡镇政府，举办这样的文化活动，虽有"力小任重、智小谋大"之嫌，但我深感这是一份责任与使命，只想要为先生、为地方做一点力所能及的事情。好在有众多南师的学生支持，有各级、各方襄助，每年的九月底（持续举办了六年），南师冥诞纪念之期，确定一个文化主题（六届讲坛分别以"大度看世界，从容过生活""百善孝为先""信为本""法治参方""认知生命""国学与乡村振兴"为主题），紧扣社会发展的热点问题，问智古今中外。参与讲演的海峡两岸暨香港、澳门文化学者累计也有四五十人，在区域内外塑造了"太湖国学"这一文化品牌，丰富了七都特色小镇的文化内涵。

每届讲坛的成果也以结集成册的形式，使之扩大传播和影响，虽不及南师作品影响之万一，但至少做了我们应该做、可以做的，这也是贯彻南师"重在实行"的理念吧。

"南公堤"命名（2013年9月）

西湖有苏堤、白堤，苏州有李公堤，而2013年之后的太湖南岸，有了一处"南公堤"。这是为了纪念南师与太湖七都的结缘，经水利部门批准、由当地政府设立的一处"文化地标"。6.8公里的太湖大堤上，南师曾经走过的林荫步道两侧，分布着数十块南师语录铭牌，使一座水利设施浸润着文化的气息，成为一座文化大堤。堤内侧则分布着众多与国学、与南师相关的文化设施，太湖大讲堂、江村市隐、净名兰若、时习堂等，串连起一条文化长廊。

时习堂（2013年9月）

台湾著名建筑设计师登琨艳先生，作为南师的学生，在南师辞世后，秉持师训，常驻太湖南岸，并把自己的工作室也搬

到了太湖边,命名"时习堂"。

  这是一处由江浙一带常见的荒废茧站改造而成的建筑院落,经建筑师的回春妙手加工处理,化腐朽为神奇,焕发出新生,成为名副其实的"南公堤一号"。登先生更慷慨发愿:要以自己的学识和影响,带动更多的人共同来参与建设"南公堤",从一号、二号、三号……乃至十八号。他这样说了,也坚持在这样做着。如今在登先生的影响下,越来越多的文化类建筑依次在太湖南岸延展开来。

太湖大讲堂(2014年9月—2015年9月)

  为了与老太庙文化广场项目的文化教育功能相配套,在老太庙文化广场的西北侧,有一处别致的新中式建筑,那是2014年9月,由南师的学生、绿谷集团吕松涛、刘梅英夫妇出资二千五百多万元捐建的"太湖大讲堂"。2015年9月,第三届太湖国学讲坛暨南师辞世三周年纪念活动在新落成的太湖大讲堂举行。从此,太湖南岸多了一处弘扬传统文化、推广中医中药的承载之地。这也是吕松涛、刘梅英夫妇秉持南师教诲,继"江村市隐"之后,支持建设的又一个文化项目。

太湖群学书院(2015年9月)

吴江七都,与百余年来中国社会学先后两位巨擘孙本文先生(1892—1979)、费孝通先生(1910—2005)有着特殊的渊源。前者系南京大学社会学系的创系主任,祖籍七都;后者的社会学名著《江村经济》，调查原型即为七都庙港的开弦弓村。基于这里得天独厚的历史文化资源，2015年9月29日，七都镇与南京大学社会学院共同主办的"太湖群学书院"，在太湖之滨的老太庙文化广场落成揭幕，并礼聘南师学生、台湾学者古国治先生担任学院副院长。

南怀瑾学术研究会（2016年9月）

2016年9月，经有关部门倡议，刘雨虹先生附议，由地方政府发起设立的南怀瑾学术研究会正式揭牌，办公选址于老太庙文化广场的"怀轩"。该研究会独立从事南怀瑾学术文化研究。南师子女代表、先生常随众、社会贤达、专家学者等积极参与，首任会长为朱清时先生，名誉会长为刘雨虹先生。作为目前唯一由地方政府发起、具有官方身份的南师学术研究会，明确"树立正气，权威发声"的定位，为南师的学术与事业、精神延续，协同合作，不遗余力。

《说不尽的南怀瑾》（2017年1月）

2016年9月举办完纪念南师辞世四周年活动，在刘雨虹先生等一众师友的督促和帮助下，我的一本追忆南师的小册子，也是我平生的第一本书稿《说不尽的南怀瑾》终于在2017年1月由东方出版社印行了。于我，这是一份珍贵记忆的留存，同时，我也力图以平民视角，真实还原一位可敬、可爱、可信、可感的"平凡而又不凡"的南师。

刘雨虹先生仙逝(2021年9月)

  2021年9月11日,"南师的总编辑"刘雨虹先生（1921—2021）,在太湖之滨的"净名兰若"寓所,走完了她百年的璀璨人生,挥手告别尘世。先生百年：历民国、经抗战,堪称传奇；遇南师、做义工,半世无悔。痛定思痛,我只能以一篇短文《法乳深恩——追忆刘雨虹老师》寄托哀思,而最贴切的,莫过于刘老师为自己撰写的百龄寿联：

  忘年忘生忘自己 过去不留
  念佛念法念师恩 未来久远
    横批：我是谁

与南师"亦师亦友,半师半友"相待的刘雨虹先生,南师身后,仍长住七都庙港小镇,笔耕不辍,整理出版南师遗作、佚作,继续南师未竟之事业,直至生命之终点,实为吾辈楷模!而时时问询请益刘老师,偶尔听其垂训一二,已成为我这些年的一个生活习惯和精神寄托。

这些年,这些事,虽渐渐远去,却历历在目!作为曾经的亲历者、见证者,回首这段岁月、回望走过的路、回味经历的那些人和事,不乏艰辛曲折、执着奔走,也不乏欢欣鼓舞、珍惜自足。每当心生倦意,或懒怠消沉时,我总感觉南师那双慈祥而睿智的眼睛,在注视着这一切,督促着我奋发前行!值此南师辞世十周年之际,将它们做一个简单罗列,也算是对先生的一份告慰和致敬!

2022 年 5 月

南怀瑾先生的"三不朽"

2021年3月18日（夏历二月初六），是南怀瑾先生103周年诞辰的纪念日，并且是难得的夏历、西历同日。谨作此文，是为纪念。

古人有"立德、立功、立言""三不朽"之说。此三者"虽久不废"，也是中国历代文人、士大夫一族，毕其一生所追求的人生最高目标。而放眼历史长河，真正能达此境界者，实属寥寥。

南怀瑾先生生前也说"人有三个基本错误不能犯"，即"德薄而位尊，智小而谋大，力小而任重"，或可称之为"三必朽"、正话反说的"三不朽"，恰与古人的"三不朽"之说有异曲同工之妙。

而放眼近现代乃至当代，南公怀瑾先生无疑是"三不朽""三个不能犯的错"的积极践行者和集大成者，可堪"三不朽"之誉也。

先生之"立德"："一生志业在天心"

"立德"，高尚的道德情操，是立身之本、存世之要。一个道德品格高尚的人，离不开良好的家风家教、家庭熏陶，也离不开良师诤友的教导帮助，更离不开个人的志存高远、执着坚守。只有以德为先、德才兼备的人，才堪大用、重用，才可以配得上做统帅、当领袖的高位、上位。否则就有"德不配位"的嫌疑。司马光在《资治通鉴》里说"才者，德之资也，德者，才之帅也"。做事不做人，永远做不成事；做人不立德，永远做不成人！南师生前经常引用伊藤博文的两句话："计利应计天下利，求名当求万世名"，而他自己在青年时期即立下宏愿：愿为"接续中华文化之百年断层"而努力，并为之奋斗终身。南师在《送幼子国熙赴美就学》（1969年）的诗中，有"一生志业在天心，欲为人间平不平""功勋富贵原余事，济世利他重实行"的诗句，既是示儿的勉励，也是他一生人格的完美写照。

先生之"立功"："修一条人间的大道"

"立功"，就是要为国为民建立功绩，就是为众生谋福祉、谋幸福。而最大的"立功"，莫过于拯救众生陷溺的心灵，使众生离恶获福、离苦得乐。每个人的能力有大小，但事功无高下，只要按照一个正确的方向，坚持不懈去努力，积极去做，总能有所成、有所得，但切不可好高骛远、心比天高，若不顾自身能力的局限，贪天之功，则必然会犯"力小而任重"的错。南怀瑾先生的传奇一生，无论是作为促成"两岸密谈"的信使，还是推动"金温铁路"兴建的践行者，每一件都堪彪炳史册。而南师的传道、授业、解惑，正是他最大的事功。用他的话说，就是要"修一条人间的大道"。功德无量，善莫大焉。

先生之"立言"："通古今之变，成一家之言"

"立言"，就是把自己在立德做人、立功处世的经历中形成的真知灼见，述之成文，传之于世，给人以启迪、警醒和鞭策，功在当时、惠及后世。这是立德立功的延续，是传承文明的载体和途径。当然，这个"立言"，不是那些良莠不齐、东拼西凑的文字堆砌，也并非人人皆可为之。否则就犯了"智小而谋大"的错。南怀瑾先生一生化育无数、著述等身，虽然他一直强调自己是"述而不著"，但他对传统经典的注解、讲述，注重经史合参、融会贯通，他的文字深入浅出、通俗易懂。可谓"究天人之际，通古今之变，成一家之言"。"上下五千年，纵横十万里；经纶三大教，出入百家言""为天地立心，为生民立命，为往圣继绝学，为万世开太平"正是对南怀瑾先生一生"立言"的客观评价。

2021 年 3 月 17 日

"人师"南怀瑾

八年前的今天（2012年9月29日），南怀瑾先生仙逝，享年95岁。9月30日（农历壬辰年八月十五日），正是中秋月圆之夜，南师荼毗仪式，在苏州吴江太湖南岸的太湖大学堂举行。

一轮明月洁如玉，世间再无南怀瑾。

先生一生，堪称传奇，行踪奇特，常情莫测。幼承庭训，遍读诸子；抗战军兴，投笔从戎；峨眉闭关，阅览大藏；只身赴台，讲授文化；旅居美欧，东西精华；暂留香港，力促和谈；回归大陆，弘扬中华。

读书、从军、学佛、经商、讲学、育人，著述等身，化育无数，终成"一代宗师、国学巨擘"。

南怀瑾先生是当之无愧的中华文化的优秀传播者。在"接续中华文化之百年断层"的人生履历中，他所经历或参与的一件件、一桩桩，足以青史留名。

国民党元老李石曾评价他："上下五千年，纵横十万里；经纶三大教，出入百家言。"

东方出版社推介他："人生不读南怀瑾，阅尽诗书也枉然。"

而南师自己,则早以《狂言十二辞》自况:"以亦仙亦佛之才,处半人半鬼之世。治不古不今之学,当谈玄实用之间。具侠义宿儒之行,入无赖学者之林。挟王霸纵横之术,居乞士隐沦之位。誉之则尊如菩萨,毁之则贬为蟊贼。书空咄咄悲人我,弭劫无方唤奈何。"

古语云:"经师易得,人师难求。"在很多人眼里,南师既是博学广识的"经师",更是诲人不倦的"人师"。而他则始终谦虚地认为自己"一无是处,一无所长",只是传统文化的一个"搬运工"。

读过南师书的人都会觉得:南师对传统经典的阐释深入浅出、诙谐生动、简洁管用,让人入心入脑。他的述著,重经史合参,重经世致用,更适合于身处这个纷繁浮躁社会的芸芸众生,是难得的醒世良药、治世良方。

当然,南师并不在意身后别人如何评判他:"谁人背后不说人,谁人背后无人说。"百岁老人刘雨虹先生也说:"南老师不需要别人来抬举他。"南师用自己的一生,践行了"以出世的情怀,做入世的事业"。

我们今天纪念南师、致敬南师,就是要学习南师做人、做事的态度、方法,少一些"自利",多一些"利他"。读历史,知时事;读经典,明得失。要有文化地做事,做有文化的事,做可传承的事。

回想自己与南师在太湖之畔的结缘、受教，一幕幕恍在昨日、如在眼前，法乳深恩，片刻难忘。

谨以此文，纪念南师辞世八周年！

2020 年 9 月 29 日

南怀瑾的诗与人生

文以载道，诗以明志。古人谓："诗者，志之所至也。"又说："在心为志，发言为诗。"

称南怀瑾先生是著名的"诗人"，也许有人会觉得诧异，毕竟，大家知道南怀瑾，更多的是因为他在中华传统文化传承方面的突出贡献。因此在大众心目中，南师是当之无愧的国学大家、禅门大德。而其诗词水平究竟如何，却鲜有耳闻或甚少关注。2017年，上海书店出版社出版了台湾原彰化师范大学教授林曦先生整理、注释的南怀瑾先生诗集——《金粟轩纪年诗》。林先生收集整理的南师诗作，时间跨度从1932年至2009年，分六集、共586首，差不多涵盖了南师的一生。

关于南怀瑾先生的诗词意境和文字魅力，东南大学喻学才教授的文章《南怀瑾先生的诗词意境蠡测》至为客观、中肯，值得细细品读。南师的诗作，用典丰富、涉猎广泛、意境独特。作为诗词"门外汉"，我始终不得其门而入。这册《金粟轩纪年诗》也就一直躺在书柜里，成为"摆设"。直到近日，从刘雨虹先生处偶得一本南师讲述的《我的故事我的诗》（台湾南怀瑾文化出版），一口气读完，犹觉不过瘾，又重看了两遍，才略微感受到南师诗作的魅力所在。看来读南师的诗，还得听南师自己的讲解，方得解惑。它也让我从另一个角度重新认识了南师其人、其事，认识南怀瑾先生的"诗"意人生。用刘雨虹老师的话说："这并不是一本只谈作诗的书。"它是1995年6月下旬，南师在香港接待内地学人的访问时，用四个半天的时间，结合讲解自己的诗作，忆儿时、忆往昔、忆故人、忆旧事，说的是诗，讲的却是人生、时事和历史。从中也可感受到南师诗作的魅力，可以把我们（甚至是作者自己）带回到那些早已远去的岁月和人生中去。用南师的话说："回忆自己的事情，只有根据自己的诗去找。"那么，这些诗作究竟勾起了南怀瑾先生怎样的人生回忆呢？

少年追梦：学文、习武，一年三读《纲鉴易知录》，订阅《申报》，自创"玉溪书院"

暑期自修于井虹寺（政洪寺）玉溪书院早归

（壬申 1932 年作）

西风黄叶万山秋，四顾苍茫天地悠。

狮子岭头迎晓日，彩云飞过海东头。

这首《暑期自修于井虹寺（政洪寺）玉溪书院早归》，是南怀瑾15岁时的诗作（1932），也是他现存最早、佚失复得的诗作，勾起了南师对自己童年、少年往事的深深怀念，也为我们勾勒出一个孜孜求学的孤独少年的身影。似乎他没有童年的玩伴，有的只是书籍，对话古人。6岁到11岁于家中私塾读书，然后读了一年西式办学的高等小学。南师说自己"中国文化的底子，就是六岁到十一岁，在家中私塾学的""后来几十年的应用就是这些"。12岁那年，在南氏家庙（井虹寺）自修古文、历史，"在一年多当中，把一部吴乘权的《纲鉴易知录》，反复地读了三次"，打下了良好的历史基础。并且托人从上海订阅了《申报》，关心、了解时事。因为身体较弱，开始一面读书，一面练武，受时世和《三国演义》等武侠演义书籍的影响，少年南怀瑾立志要做文事、武功俱备的"中国第一人"。他把自己所在的家庙学堂自题"玉溪书院"，向往刘备，心仪诸葛亮，敬佩赵云。多年以后，南师联想到自己告别家乡、离开大陆的情形，觉得这首"彩云飞过海东头"的诗作恰有一语成谶的意味。

跃马西南：屯垦戍边，
仙侠梦、英雄梦，自号"北汉王"

西行集·过蛮溪

（己卯1939年作）

乱山重叠静无氛，前是茶花后是云。

的的马蹄溪上过，一鞭红雨落缤纷。

依托优异的自学和自主管理时间的能力，少年南怀瑾在家乡通过私塾教育和自修读书，数年完成了常人十年乃至更长时间才可能读完的课程，到了17岁（1934年），年初在家长安排下，与大两岁的表姐成婚，在长子南宋钏出生后，执意离开家乡，一心"想成英雄"。时值"攘外必先安内，强国必先强种"的内乱时期，在同乡好友的引荐下，去杭州的浙江国术馆学习了两年武术，闲暇之余仍不忘勤学文化，并以"二期第一名"的成绩毕业，恰逢抗战全面爆发（1937年），19岁（虚岁20）的南怀瑾，成了浙江3000名学生训练总队的国术教官。但此时的南怀瑾，出于"对武侠小说的迷恋"，一心想到四川去，"想到峨嵋山学剑仙，找神仙"，"找那些奇人异士"，认为这才能帮得上忙，可以解救国难。就这样，他8月动身离开杭州，经江西，过武汉，一路到了四川。不想，很快国民政府也都迁往了西南。在成都期间，交游甚广的南怀瑾因为特殊的身份背景和人脉资源，"被认为是中央来的"，被一帮人簇拥着做了"大小凉山垦殖公司"总经理兼自卫团的总指挥，收拢了周围数十个山头的地方军阀、土匪武装、政客官僚，一时多达两万多人枪。21岁的南怀瑾也真应了自封的"北汉王"名号。这首《西行集·过蛮溪》以及此后的《务边杂拾》，都写于这一时期，既有"的的马蹄溪上过，一鞭红雨落缤纷"的意气风发，也有"东风骄日九州忧，一局残棋尚未收""挥戈跃马岂为名，尘土事功误此生。何似青山供笑傲？漫将冷眼看纵横"

的清醒与无奈，表达了自己终非名利场中人，急于抽身的真实想法。

军校逸事：与张治中的论争

这样做了一年多的"北汉王"，甚至引起了民国"中央"和戴笠的注意，南怀瑾在品尝了权力带来的"威风"和"孤单"之后，不想重蹈"翼王"石达开的覆辙，终"挂印封金"而去。其间，还在成都做了一段时间的报社编辑。之后，又到中央军官学校（黄埔军校西迁后）担任了两年左右的政治教官（应该也是当时国民政府的"招安"、用人之道）。

忆及这段往事，南师谈到了中国人的"帝王"情结。在那个风雨飘摇的乱世街头，南怀瑾目睹了一幕闹剧：一伙农民武装扛着"替天行道"的黄旗，穿着皇帝、皇后的戏服，冲进了成都的皇城，准备进城当皇帝，后被士兵镇压了。由此还引发了南怀瑾与同为黄埔教官的张治中的一段论争。南对张说："我们黄埔军校是革命的大本营，到现在为止，那些教官们，能干的不肯干，肯干的不能干，留下做官的，统统又不能干又不肯干。""每个学生毕业都想做大元帅，都想做皇帝。""如果跟日本这一仗打下来，我们幸而胜了，这个国家怎么治啊？安得不乱啊？""我们教育他们革命，是教育他们破坏的，没有教育他们建设……""自己原来想打天下"，到头来发现"政治解决不了问题，军事也解决不了，经济也解决不了，宗教勉强还可以教化人……"。此时的南怀瑾甚至萌生了出家的念头。也正是在这个时候（25 岁左右），南师结识了自己的老师袁焕仙先生，坚定了自己参禅学佛的想法，从此开启了自己别样的人生。

峨眉悟道：与佛结缘，发愿接续中华文化之百年断层

入峨嵋山闭关出成都作

（癸未 1943 年作）

大地山河尘点沙，寂寥古道一鸣车。
薰风轻拂蓉城柳，晓梦惊回锦里花。
了了了时无可了，行行行到法王家。
云霞遮断来时路，水远山高归暮鸦。

这首《入峨嵋山闭关出成都作》是南师离开成都时所作，也是南师自认的得意之作："讲作诗，这里才开始。"另一首《过龙门洞》也是同一时期的作品：

穿云冲破几重天，踪迹空留岭外烟。
试上龙门回首望，不知身在万山巅。

此时的南怀瑾，在恩师袁焕仙居士的点化、开示下，已经看破红尘、一心向佛了。听闻峨眉山大坪寺有全部的《大藏

经》，在普钦法师的帮助下，以"剃发、不受戒、着僧衣"的方式，进入大坪寺"出家"修行（法号"通禅"）。自此，南怀瑾在峨眉山大坪寺闭关三年，以每天20~50卷的阅读量，兼作笔记，昼夜不息，阅览了全部《大藏经》。及至三年后，南师出关还俗，抗战已经胜利，而内乱未止。各路诸侯忙着争抢胜利果实，而南怀瑾为了避开内战纷争，选择了离开四川、远走云南（后自云南经上海，转杭州，归故里省亲）、游历讲学，立誓接续中华文化之百年断层。这首流传较广的《自题》诗（丁亥1947年作），较好地表明了南师当时的心迹：

不二门中有发僧，聪明绝顶是无能。
此身不上如来座，收拾河山亦要人。

时年30岁、回乡省亲的南怀瑾，在回答他父亲关于对时局的看法时，即断言"共产党会统一天下"，并说这是"大势所趋"。

初游台湾：天下之大，何去何从？

画莲

（丁亥1947年作）
莲叶田田花好时，莲心苦处有谁知？
可怜一颗西方种，陷向污泥无主持。

眼看着国家陷于内乱，南师内心的悲怆之情油然而生，痛定思痛，于是决心去往离家乡温州较近的台湾。坐了一天一夜的机帆船到台湾，在旅馆住了三个月，作为初步的观察。于是有了这几首《初游台湾杂咏》（戊子1948年作）：

其一

躲尽危机息尽狂，一苇东渡近扶桑。
波涛汹涌三千界，何处龙星现远方？

其二

珠履樱花海国春，千秋成败等浮沉。
何期蜀道归来客，犹是天南万感身。

其三

十载身同萍梗轻，东西南北任纵横。
少年壮志消磨尽，赢得心如水镜清。

其四

闻道延平破浪来，八千子弟亦雄哉！
沧桑历尽渔翁老，如此河山更可哀。

其五

任人疑忌任诽哗，沉醉蓬莱卖酒家。
浪掷千金还一笑，凭栏无语问天涯。

其六

基隆下雨台中晴，又是车厢一日程。
远客孤怀言不得，中原涕泪有苍生。

重回南京：躲避白崇禧，救巨赞法师

这个阶段，解放军马上要过长江了，南怀瑾重回南京，听说负责守长江的白崇禧正到处找自己，希望南师能助他一臂之力。于是，南怀瑾躲到江西庐山住了一段时间的"茅蓬"，这几首《庐山天池寺》（戊子1948年作），表达了作者当时的心境：

其一
文殊塔顶月轮弯，独立天池第一山。
只是片云留不住，又为霖雨到人间。

其二
南山雷雨北山晴，空谷流泉作吼声。
无意岭头云出岫，有心天外月分明。

其三
庐山梦陟好崔嵬，十载曾经两度来。
每过江西一惆怅，禅门廖落道门衰。

从庐山下来，南怀瑾到百花洲，再回杭州，在老友巨赞法师（新中国成立后任中国佛教协会首届副会长）的灵峰寺佛学院小住，得知国民党杭州军统站因怀疑其通共，准备抓捕巨赞法师，遂挺身而出，决定利用自己的特殊身份和影响力，再

"走一趟南京"——从杭州站了三小时到上海，再从上海挤上去南京的火车，一路站了八小时的火车终于到了南京，为了救自己这个和尚朋友一命。彼时，戴笠已经死了，南怀瑾找到戴的一帮老部下、"把兄弟"，为巨赞法师打保票："我绝对相信他的话。管他真的假的，为什么一定要把这个和尚的头拿下来呢？所以我亲自到南京来了。"就这样，南师拿着保释巨赞的文书，从军统手上把巨赞法师给救下了。而在此期间，南师也留下了《灵峰闲居》（戊子 1948 年作）两首，从此真正告别了杭州，踏上了长达 36 年的羁台之旅：

其一

乾坤摇荡感春婆，石径凝霜携杖过。
岂是留情峰上色，深秋黄叶已无多。

其二

曲折盘根几树梅，虬鳞松下再徘徊。
不知云鹤高飞后，何日风尘归去来？

南师与"七都（堵）"的缘分

宿七堵法严寺

（己丑 1949 年作）

浮生百感鬓添华，半日偷闲似出家。
丈室云烟参禅悦，漫天风雨舞龙蛇。

> 寂寥古道空人迹，隐约雷声走电车。
> 依旧低眉开倦眼，江山如画画如麻。

初到台湾的南怀瑾，感叹台湾是一片"文化沙漠"，连"一部《红楼梦》也买不到"。中国文化在台湾的重建，正是从他们这些人开始的。南师一生，与三个叫"七都（堵）"的地方有缘：一是温州乐清家乡附近一地名为"七都"；二是初到台湾基隆附近一处地方名为"七堵"（"堵"通"都"）；三是南师晚年最后居住的地方为太湖边的吴江"七都"。冥冥之中，似有前缘。

海峡阻隔：落寞与自况，思乡、思亲、思故人

读客示嘉陵山水图

（己丑 1949 年作）

> 峨嵋山顶一轮明，照到人间未了情。
> 回首嘉陵江畔路，心随帆度蜀山青。

眼看着国民政府的大批败兵之将、散兵游勇，一路败逃到台湾，南师一边招呼、接济这些昔日趾高气扬的军政大员，同时生发出无限的感慨，也油然而生对家乡故土的思念之情。

旅台法友祈祷贡噶呼图克图上师降诞法会颂词

（丁酉 1957 年作）

其一

曾记雪山拜座前，破颜授我秘玄篇。

三玄椎击无言说，五乘提撕有别传。

衣钵蓉城留梦影，花钿滇海染尘缘。

临行俯耳叮咛语，负荷艰难子自怜。

其二

苦海茫茫祝再来，百城楼阁待师开。

双垂玉箸传踪迹，一瓣心香拜劫灰。

佛国山河终不改，魔宫伎俩已将摧。

三生重话因缘日，头白飞骑到讲台。

这是南师的藏传佛教师父贡噶活佛在大陆圆寂后，台湾一班学佛的人给他举行法会，南师写的两首诗，表达对故人的怀念。

丙午母难日怀双亲

（1966 年作）

空谈怀想报慈恩，此恨茫茫欲断魂。

历劫几能全骨肉，对人不敢论亡存。

寄情幻梦为真实，仰护平安托世尊。

读礼每惭言孝道,碧天无际泪无痕。

丙午母难日偶成

(1966年作)

故山隐隐入云霄,春梦江南上下潮。

依旧东风青草绿,愁多难遣是今朝。

南师常说:"生日是母难日,不值得庆贺。"在其赴台后的生日诗作中,写得最多的是忆母和怀念双亲的:《癸巳母难日》(1953年作)、《辛丑母难日》(1961年作)、《辛亥母难日》(1971年作)、《丁巳母难日阅报知大陆旱灾》(1977年作)。海峡阻隔,骨肉分离,"对人不敢论存亡"。那种撕心裂肺的痛,无以言表。用南师的话说:"就是想母亲了!"

遣兴

(庚子1960年作)

其一

家国千秋业,河山万里心。

斜阳思古道,寥落抚鸣琴。

其二

世界微尘里,孤灯有所思。

深宵空寂寂,独听雨丝丝。

其三

吞吐清灵气，心闲玉笈文。

九还丹未熟，空负去来云。

其四

去国九秋外，支离二十年。

风尘双鬓改，心月一轮圆。

这几首感怀诗，体现了南师在那个特殊的时代，"心情很不舒畅"，也是诗人落寞心境的自况。

家事、国事、天下事

夜读

（己酉 1969 年作）

无端忧国又忧天，灯下摊书独未眠。

一局残棋难落子，输赢今古总茫然。

这是南师在送小儿子赴美（后留学西点军校）之际，有感于台湾时事而作的。到了 70 年代初，台湾即将退出联合国，那个阶段人心惶惶，"外省人拼命出国，都想逃跑，认为台湾完了"。也是在这个阶段，南师出版了自己的代表作《论语别裁》，创办了"东西精华协会"。

自题《论语别裁》初版

（丙辰 1976 年作）

古道微茫致曲全，从来学术诬先贤。

陈言岂尽真如理，开卷倘留一笑缘。

丙辰冬月午夜定起书二偈

（1976 年作）

其一

忧患千千结，山河寸寸心。

谋身与谋国，谁识此时情。

其二

忧患千千结，慈悲片片心。

空王观自在，相对不眠人。

蒋介石辞世时（1975 年 4 月），南怀瑾以东西精华协会的名义赠送了挽联：

勋业起南天　北伐功成三尺剑

神灵护中土　东方感德一完人

但是，南师说，"我真正给他的挽联没有送，那才好呢"：

留得剩水残山　　最难料理
际此狂风暴雨　　正好收场

随着蒋经国上台，南师因从年轻时即受小蒋关注，而他本人又决心远离政党、政治，因此选择了闭关于闹市，并萌生了去意（出国）。

丁巳中秋关中有寄

（1977年作）

留亦为难去亦难，悠悠世路履霜寒。
遥闻碧海吹魔笛，几欲青冥驾彩鸾。
不惯依人输老拙，岂能随俗强悲欢。
禅天出定生妄想，何处将心许自安？

这样到了1985年，此时的南怀瑾，已经名满宝岛，门生故旧遍布朝堂："国民党满朝文武大多是我的学生，蒋经国很想我跟他见面，我始终避开。"甚至蒋对身边人说："这个南先生在台湾好像是新政学系的泰斗。""这个太严重了"，深知"功高震主"利害的南怀瑾，知道自己必须离开了，并于当年出走美国（1985—1988），后停留香港数年，终回归祖国大陆。

首途赴美

（乙丑 1985 年作）

不是乘风归去也，只缘避迹出乡邦。

江山故国情无限，始信尼山输楚狂。

一生总结：聚散

对于自己的一生，南师认为自己的一首白话诗可以总结：

狂言十二辞

以亦仙亦佛之才，处半人半鬼之世。

治不古不今之学，当谈玄实用之间。

具侠义宿儒之行，入无赖学者之林。

挟王霸纵横之术，居乞士隐沦之位。

誉之则尊如菩萨，毁之则贬为蟊贼。

书空咄咄悲人我，弭劫无方唤奈何。

2012 年 9 月，南师在太湖南岸的"太湖大学堂"辞世，走完了自己 95 载的人生旅程。一首根据南师的小诗谱曲的《聚散》催人泪下，也寄托了无数学人对南师的深深怀念：

聚散

桌面团团，人也团圆，也无聚散也无常。

若心常相印，何处不周旋。

但愿此情长久，哪里分地北天南。

2020 年 11 月 19 日

参考书目：《我的故事我的诗》（台湾南怀瑾文化出版）、《金粟轩纪年诗》（上海书店出版社）、《南怀瑾先生的诗词意境蠡测》（喻学才）

读《怀师的四十三封信》

八月读到刘雨虹老师的博文，知道她要将自己与南怀瑾先生过去的一些往来信函整理出来，并结集付梓，既存史料，也有分享和警示后人的作用。尤其文中提及"许多陈年往事，甚至老师骂人的事"，虽作者强调"对于老师批评太严重的人，我仍然把他们的名字隐去"，却也越发地激起了读者的好奇心，当然也会包含部分南师子弟的惴惴不安……

九月中旬，中秋刚过，也正是在南师辞世七周年的纪念日子里，竟收到了刘老师托人捎来的新书——《怀师的四十三封信》（台湾南怀瑾文化出版的繁体字版），令我欣喜之余，更加感佩：刘雨虹老师以近百岁高龄，仍坚持笔耕不辍，坚守着南师的文化事业，生命不止，奋斗不息。这种雷厉风行的处事风格，虽年轻人不能及。相比于一些聒噪之徒，真天壤之别也！君子之风，不过如此。吾辈遇师若此，当欣于所遇，幸甚至哉！

刘老师的文风，一如她说话做事的态度，简洁不啰唆，其以近百年之人生阅历和体悟，追昔抚今，对人与事均有透彻认识，又因其性情率真、耿直，故有人亲之喜之，亦有人惧之诬之。我想，刘老师将南师当年写给自己的私人书信结集出版，正是以事实为据，还历史以本源，实乃功德之举也。

全书二百余页，前半部分除刘老师的"出版说明"外，分别是三个时期（对应南师在中国台湾、美国、中国香港），南师写给刘老师的四十三封信的文字整理及刘老师的按语说明，时间跨度从公元 1977 年至 1988 年末。书的后半部分，则是南师这四十三封书信手稿的彩色影印件，弥足珍贵。

我是一口气把它读完的，掩卷之余，颇多感慨系之。

其一，家国情怀，使命担当。

南师的这些书信，虽多为文字出版事与刘老师的交流、交代，但字里行间，仍随处流露深厚的家国情怀。尤其当其旅居欧美之时，身处异邦，人在异乡为异客，表达了很多对西式文明的失望，进而更坚定其弘扬中华传统文化的信心和决心。"心灰尽，留发是真僧，风雨销磨尘世事，最难妥贴对燃灯。情在不能胜。"忧患之意，奋发之情，跃然纸面。

其二，谨严治学，诚恳待人。

即使是在 1977 年，南师和刘老师也都已经是 60 岁上下的老人了，万里传书，心心念念，交流沟通的多为文稿组织、办学办刊，甚至文字标点的校对，事无巨细，不一而足。而当时的南师，已经是名满宝岛的大儒了。可以说，他们是在现身说法，向后辈学人示范做人做事、治学治文应有的态度。即便是南师对一些学生的批评之语，也是基于帮助提高的善意，又岂非他们的幸运。

而在世故人情方面，南师更堪为中国传统文人的典范。以他的个性修为，最不愿欠的是人情债，故做事妥帖，讲究条理，凡事必有始终，嘱事交代清晰无误，罕有疏漏。然对于一些他认为不成熟、不妥帖的文稿，则是坚决反对刊印，以免误人害己，足见其治学之谨严。

其三，文以载道，诗以明志。

按刘雨虹老师的说法，南师是百年罕有之通才。其学问修养涵盖之广、实证之深、体认之切，百年来无出其右。出世入世、融会贯通，究百家之变，成一家之言。而其在诗词方面的才能，却是常被人忽略的。其实，透过这些诗词，恰最能看出南师在其时其地的心路历程、情志所属。就在给刘老师的这数十封信中，随处可见南师当时的一些诗作，读来更胜千言万语。摘录一二：

> 留亦为难去亦难，悠悠世路履霜寒。
> 遥闻碧海吹魔笛，几欲青冥驾彩鸾。
> 不惯依人输老拙，岂能随俗强悲欢。
> 禅天出定生妄想，何处将心许自安。

> 又到禅关报岁阑，邮亭迢递尽书丹。
> 故园草长莺啼处，客路清夷鹏翼安。

世事早随今昔改，问心已了有无观。
朝来自把神光照，鹤发童颜一笑看。

道出大西洋赌城
风云催客出三台，策杖闲观旧战垒。
何必赌城始论赌，人生都是赌输来。

丙寅元宵后一日
稍煞寒威雪犹封，蓓蕾百卉待春容。
传心辜负西来意，浮世难留过客踪。
又见白宫播木偶，常怜黄屋走蛟龙。
铃声莫问当前事，万里飞鹏愁万重。

其四，暂借枝栖，志在回归。

南师自1949年初离开大陆，其后36年居留台湾，后辗转欧美三载，于1988年初返抵香港，从信函中不难看出，其回归大陆、弘扬中华传统文化的意志已定，而香港一站应是其回归前的落脚点而已。

观其一生行止，多有漂泊离散的感慨，身边虽不乏追随供养者，终难免有"暂借枝栖"的感叹，而其晚年回归大陆，于太湖之滨结庐授课，正有叶落归根之意。南师毕生布施无数，传道授业解惑，受教者遍及宇内，然得其精髓者寥寥，更不用说能承其衣钵，此其至憾也！刘老师作为南师的同辈"道友"，虽执弟子礼，却是难得的知音、知己，毕竟年事已高，每每虑及于此，她也只能是摇头叹息。

愿南师的文化精神千古永存！

2019 年 10 月

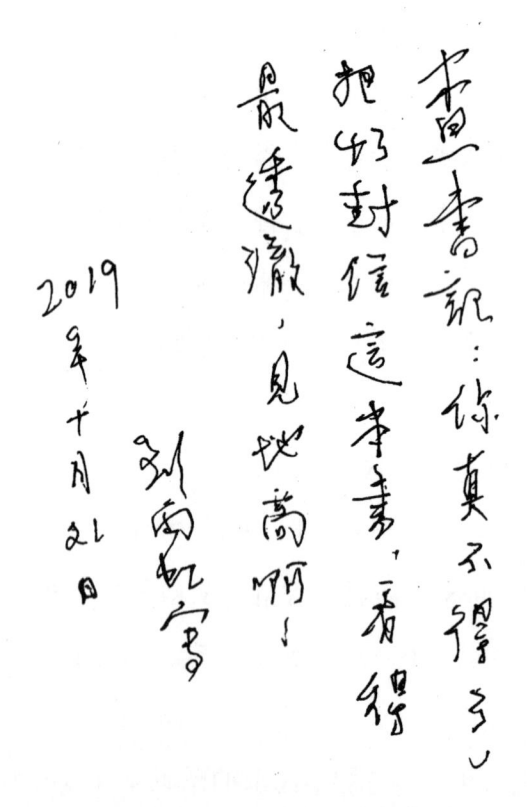

刘雨虹先生阅毕此文写给作者的便条

"退"而不"休"的刘老师

刘老师,南师的总编辑——刘雨虹先生之谓也。在众多亲近南师的学友、师长中,于治学、于生活,刘老师的执拗和执着都是出了名的,一旦她认准了的事情,十头牛也是拉不回来的。比如,刘老师不肯庆祝生日;不喜油腻食物,偏好清淡寡食;不愿住医院忍受那个特别的味道;不喜欢接受采访或访谈;不愿受任何组织或机构的约束,喜欢自由自在的生活……然而,刚刚过去的这个庚子年(2020),一切似乎慢慢有了一些改变,一切又恰在情理之中。

刘老师庆生了

2020年7月中旬,我在外地出差,错过了刘老师百岁生日(农历五月廿一日)的日子,没想到却意外收到刘老师捎来的礼物。我写了一篇《百岁老人的生日礼物》,表达我的敬意和感激之情。没过几日,又接到刘老师的电话,先是对我的贺寿文章表示肯定,紧接着却说:"别人都给我写了贺寿的诗,你也写一首吧,正好可以结个集子。"正在我犹豫支吾之时,大概是怕我有顾虑,刘老师又说:"你不要有负担,就写个打油诗好了。"我想这应该是刘老师对我文章的奖励，也就不再推辞，偷偷向宏忍师索要了其他学长的诗文过来，先偷师学习一番。终于憋出了几首"打油诗"，由刘老师挑选一首，算是入选了这本《百岁贺寿诗文集》：

贺雨虹先生百龄寿辰

人生百岁不稀奇，

忘生忘死忘自己。

半世义工沐师恩，

披肝沥胆一编辑。

刘老师住院了

2020年9月下旬，我去上海香港三联书店，参加一个与南师相关的主题读书会，行前受托去往庙港"净名兰若"，取刘老师的私人印鉴。却正遇上刘老师身体不适，未曾谋面。考虑到刘老师已届高龄，大家都不敢怠慢。在一众学友的动员、劝说下，刘老师终于同意去上海某医院住院调理一段时间。但在医院住了不长时日，她便急着要回"净名兰若"，好在有绿谷集团吕松涛、刘梅英夫妇悉心安排、照顾，总算是有惊无险，安然度过。这可能是刘老师为数不多的一次住院经历。

刘老师退休了

早在2019年末，就听刘老师说，接下来的2020（庚子）

年会有一些"麻烦"。也许，正是出于对人世无常的这份洞察，刘老师终于下决心把肩负的文化使命重担交付给身后的年轻人了。联想到不久前（2021年1月6日）刘老师宣布正式"退休"的声明。可见老人是在给自己做最后的"安排"。也不难看出，通晓易理的刘老师对人生的练达与豁达。

百岁老人的"退休"声明，读来让人唏嘘感叹，自愧弗如。当大多数人退休后终日碌碌、无所事事的时候，一个百岁老人却仍孜孜不倦、笔耕不辍。

刘老师出《访谈录》了

辛丑年的大年初三（2021年2月14日），又逢西方的情人节，我如约来到太湖南岸七都庙港的"净名兰若"，看望刘雨虹老师。这也让我记起了2012年2月14日的夜晚，在太湖大学堂与南公怀瑾先生一起度过的那个"情人节"，还意外收到了南师"情人节的礼物"。一晃已近十个年头了。刘老师照例分享了她的一本新书，这次是别人对她的访谈录，书名用了南师写给刘老师的一幅字"照人依旧披肝胆，入世翻愁损羽毛"。南师的这幅字一直挂在刘老师客厅的醒目处，看得出刘老师对它的重视和珍惜。

而我则别有一番滋味在心头：刘老师轻易是不愿接受访谈的，尤其还是关于她自己的人生往事。我想，她之所以愿意接受访谈，大概是她对大家的另一种交代吧。纵观刘老师的一生，可以用"波澜壮阔、跌宕起伏"来形容。而老人也常以"忘生即忘死"来介绍自己的长寿之道，她更在访谈中说："假如我涅槃了，离开这个世界时，请大家为我歌唱。"这份豁达与通透，让人动容。

　　这就是我所认识的刘老师：一生传奇，却质朴无华；顾惜羽毛，更披肝沥胆。虽言"退"，却从未"休"。愿刘老师健康长寿，福泽绵延！

2021 年 2 月 20 日

百岁老人的生日礼物

7月11日（农历五月廿一日），我正准备前往外地出差，突然收到南国熙先生（南师四子）从香港发来的微信："今天是刘老师的农历生日。"我当时愣在那里：百岁老人的生日，无疑是特别值得庆贺的，虽说早知道刘雨虹老师今年百岁了，我却并未了解过具体的生日是哪天，以至出现今日的尴尬。

作为"南师的总编辑"，刘雨虹老师是南师众多学生中较年长的一位，也是深受大家尊敬和爱戴的一位老师和学长，从刘老师身上，可以感受和延续南师的文风、学风。我本人也深受刘老师的启发和教育，获益匪浅。

国熙兄此时的短信提醒，应该也包含了希望我们这些在刘老师附近、身边的学友，可以多承担起照顾、呵护老人的职责。毕竟由于受新冠肺炎疫情的影响，南师的大部分学生、子弟身在异国他乡，无法回到太湖边七都庙港的"净名兰若"，陪伴刘老师度过一百岁的生日。

而我虽说上个月刚去看望过刘老师，可那毕竟已是时隔半年的唯一一次探访（上一次见面还是在去岁己亥年的腊月），难怪刘老师一见面就说："你有多久没来看我了？"虽是调侃语气，却多少有些责备之意。

可我出差的行程已定，无法更改。于是，我只能"偷偷地"原谅自己：好在刘老师同南师一样，也是极不看重庆祝生日这样的形式的，刘老师自己还写过文章，介绍长寿、养生的经验之一，便是"忘生（生日）即忘死"。相信她老人家不会责怪我的疏忽的，还是等我出差回来，再登门谢罪吧。

在出差期间，我也一直思忖：应该准备一个有意义的礼物，给刘老师补作贺礼和赔罪之用。

孰料，我出差的行程尚未过半，就接到了沈远林先生（原七都镇统战委员）打来的电话，说是刘老师有一份礼物存在他那儿，等我出差回来即拿来送我。让我既受宠若惊又惭愧莫名：自己没给"寿星"送礼，却先收到了"寿星"的礼物，真正是折煞我也！

细问之下，才知这是刘老师将自己过生日所收到的礼物，拿出来与大家分享。而我收到的是一份寿桃点心，因为是时令食物，刘老师还特意关照要冷藏保存，以免变质吃坏肚子。顿时，一股暖流涌上了心头，俗话说："大人不记小人过"，这就是我所熟悉的可爱又可敬的刘老师。而我先前的不安和歉疚，倒显得有些小家子气了。

出差归来，我迫不急待地将刘老师所赠的这份"特殊礼物"与家人及同事分享，让大家一起沾一沾百岁老寿星的"仙气"。

而我也想起了当年在太湖大学堂，收到南师的"情人节的礼物"。不同的时空场景，一样地温暖感人。两位世纪老人的人格魅力可见一斑。

而我终究也没有想好可以送什么给刘老师作礼物。或许，就以这篇短文，向可爱的"00后"——刘雨虹老师祝寿、致敬吧！

2020 年 7 月 22 日

贺　雨虹先生百龄寿辰

人生百岁不稀奇，
忘生忘死忘自己。
半世义工沐师恩，
披肝沥胆一编辑。

晚生　查旭东　敬拜
庚子年仲夏月乙卯日
（2020年7月11日）

附：

查旭东先生是南师时代就在七都庙港工作的，由于悬挂了赵朴老所写"太湖禅林"的匾额，南师说他应在此工作八年，所以他与南师的学生们都很亲近，也帮忙大家很多。

在写诗之前，他还洋洋洒洒写了一篇长文公布。他待人积极又热心，尤长于文墨，看见众人写诗，他也赶快赋诗一首，很有味道。

由于他是七都书记时与大家相识的,所以大家至今仍称他为查书记。

——刘雨虹记

(选自刘雨虹《百岁贺寿诗文集》)

法乳深恩
——追忆刘雨虹老师

痛失良师

辛丑年的八月初五（公元 2021 年 9 月 11 日）中午 12 时 50 分，刘雨虹老师走完了她 101 岁的人生旅程，挥手告别了人世。消息来得突然，却也在意料之中。今年初（2 月 20 日）我在写《"退"而不"休"的刘老师》一文时，已隐约感到了这一天即将到来。但当这一天真的来临时，又觉得是那么不真实、不可信。9 月 12 日下午，我来到刘老师床前，做最后的告别，一如往常地呼喊："刘老师，我来看您了！"却再也听不到刘老师爽朗、清脆的话音了。

毫无疑问，刘雨虹老师是继南师之后，我生命中遇到的第二位明师：是"经师"，更是"人师"！每次去"净名兰若"见刘老师，总感觉时间过得飞快，觉得有说不完的话，内心总在多待一会儿和怕影响老人休息之间纠结，总是不情愿地起身道别。而刘老师的只言片语，总能击中心扉，让人茅塞顿开！从此，世间少了一位可敬可爱的长者，而我又少了一位可以时时请益的老师。再没有机会陪刘老师唠家常,再不能请刘老师帮我把关文稿、指点迷津。一种莫名的孤独笼罩着我,我终于明白,世间有一种痛,叫痛失良师!

指导写作

作为"南师的总编辑",刘雨虹老师的国学修为和文字造诣都是毋庸置疑的。大家看南师的书,觉得轻松、舒服,离不开刘雨虹老师等一众编辑的艰辛劳动和默默付出。这些与刘老师扎实的文字功底、深厚的家学渊源都是密不可分的。

而我的第一本文字作品《说不尽的南怀瑾》,也正是在刘雨虹老师的反复鼓励和一再催促之下才完成的。更难得的是在作品定稿之前,前后六次由刘老师认真批改,大到框架结构,小至标点符号、错别字,刘老师都提出了具体而细微的修改意见。从中不难看出,老一辈的文化人对于文字是何等严谨。我也终于相信,好文章是改出来的。及至书稿完成,刘老师还亲自帮我联系、推荐出版单位、责任编辑,那份认真负责的态度,丝毫不亚于对待南师的作品。她甚至替我向出版社"打包票":"第一版印5000册太少了,二版可以加印两万册",结果果然如刘老师所言,初版不到两个月就售罄,马上加印了第二版。刘老师的这份信任和关爱,既让我受宠若惊,更让我倍感幸福和满足。

此后,每当我将所思所得欲诉诸文字,总会第一时间提交给刘老师审阅，而她总能提出客观、中肯的意见。于我，这既是一种偷懒，也是一份依赖。只要是刘老师首肯的文章，也就可以放心无碍了。

接续传承

南师之后，刘雨虹老师事实上成了广大南师学生和"南粉"们的"主心骨"，既因为她的年龄，更因为她的学养和道德。当然，轻易她是不愿意干涉大家各自的学习的，而当大家意见不一致的时候，刘老师总能一语定乾坤，让大家心悦诚服。南师走后，社会上林林总总的关联南师的文化机构、公众号等，其中也有与南师相关的企业或个人发起的，良莠不齐、真伪莫辨，事关文化传承和南师清誉。刘老师深知文化的严肃性和敏感性，而她年事已高，又是台湾籍，自然不愿介入其中。

2016年秋，南师辞世四周年之际，江苏省台办和苏州市有关领导提议、刘雨虹老师附议，由地方政府、机构（七都镇和吴江区社科联）共同发起成立了"南怀瑾学术研究会"。当时刘老师把我（时任七都镇书记）找去，落实交办相关事宜，并推荐由已经退休的朱清时院士担任首任会长，而她也愿意担任名誉会长。从此，关于南师的学术研究工作有了一个正式的、官方的平台，也逐渐得到了各方的认可。

侠肝义胆

有些时候，刘雨虹老师也有着侠肝义胆的"侠女"风范，恰如南师所言："照人依旧披肝胆。"

在2016年前后，围绕南师身后事的一些诉讼纠纷，也招致了各方的"关切"。虽然我同刘老师一样，都秉持劝和促谈的态度，怎奈"树欲静而风不止"，居然有人把我也"告"到了有关部门甚至"巡视组"。当刘老师听说之后，她不再保持沉默，而以她特有的方式表达了对我的支持。

记得那天刘老师当面递给我一张打印了文字稿的A4纸，对我说："这是我为你的书写的《出版说明》，你拿去用吧。"因为之前我也向刘老师表达过，希望她能为《说不尽的南怀瑾》写几句话，而刘老师已经婉转拒绝了。这突然的转变让我喜出望外，又觉得必定事出有因。果然，事后了解，刘老师是在用文字的方式，为我"讲几句公道话"。难怪，在刘老师的这篇《出版说明》中，对书本身只一笔带过，剩下的文字，全是对我个人的评价，并且引用了南师对我的肯定。虽只寥寥数百字的短文，拳拳之心，跃然纸上。刘老师的菩萨心肠、雷霆手段，让人叹服。

"春色牛眠"

众所周知，刘雨虹老师对易经、命理、相面、风水等是有研究的，并形成了自己的独到见解。过去，当有访客想向南师问询前途、占卜吉凶时，南师经常会把他们引荐给刘老师，当然刘老师也会巧妙应对，这从《禅、风水及其他》一书中，即可窥见一斑。而我本人对命相之学是并不在意的，因此，虽有很多机会见刘老师，却从未要求刘老师为自己算卦、看相，总觉得记住"一德二命三风水四积阴功五读书"就够了。

一次（大约是2017年前后），在"净名兰若"刘老师的客厅里，宏忍师对我说："刘老师替你也算了一卦，想不想听刘老师说说？"顿时激起了我的好奇心。原来，刘老师从我的同事那儿得知了我的生日时辰，从卦辞中找出"春色牛眠"四个字，觉得适合我。并且解释说："你是牛的命，不过好在还有草吃，不算太苦。"引来大家哈哈一笑。我也知道，这是刘老师对我的肯定和鼓励。其实，刘老师自己才是真正的"孺子牛"，只问耕耘，不问收获。

转眼到了2019年的腊月，一天刘老师对大家说："接下来的庚子年（2020）会有麻烦，大家要准备过难关。"及至新冠肺炎疫情来袭，始觉刘老师一语成谶，所言非虚。

关心时事

刘雨虹老师的一生堪称传奇。年轻时参加过抗敌（日）宣传队，就读过中共陕北公学栒邑分校、延安本校，1947年毕业于南京金陵大学。1948年底入台，先后任华侨通讯社记者，美军顾问团翻译十数载，阅尽沧桑巨变，看惯世态炎凉。

1969年始，追随南怀瑾先生，参与创办《人文世界》杂志和老古出版社，记录整理出版南师数十部著作，自谓"南师永远的义工"。南怀瑾先生则称其为"自己的总编辑"，二位"亦师亦友""半师半友"。

印象中，晚年的刘老师除了继续做好南师文化事业的编辑"义工"工作外，对于社会时事也是非常敏感和关心的，尤其是中美、两岸关系的时事新闻，更是时刻萦怀。

每次与刘老师相见，她总希望能从我们这儿多了解一些外面的新鲜事、新近的变化，对于一些重大的时事政治，她总能发表自己的一些独到见解。特别是说到两岸关系时，老人家的急迫之情更是溢于言表，她会说："你们要抓紧啊，现在岛内的天然独、自然独越来越多了。"

自撰寿联

2020年7月11日（农历五月廿一日）是刘雨虹老师的百岁生日，她收到了众多学友从各地发来的贺寿诗文而刘老师则专门将大家的贺寿诗整理、刊印了一本《百岁贺寿诗文集》，再寄发给大家。令人感动的是，每篇贺寿诗作的后面，刘老师都附了自己对作者其人、其文（诗）的"点评"文字，这可能是比贺寿诗本身更弥足珍贵的。也可能是对大家的诗作犹感不足，刘老师又亲笔给自己写了一副寿联：

> 忘年忘生忘自己　过去不留
> 念佛念法念师恩　未来久远
> 　　　横批：我是谁

不久，我接到袁保云（刘老师女儿）的来电，说刘老师希望我能把它写成六尺红底的竖轴，作为书法"门外汉"的我接到这样的任务，只得勉力为之，所幸刘老师并不在意书法本身，可能更多是出于对我的那首贺寿诗"人生百岁不稀奇，忘生忘死忘自己。半世义工沐师恩，披肝沥胆一编辑"的赞许和认同吧。

刘老师自撰的这副寿联，也是对她一生最好、最客观公正的评价。正因如此，在 2021 年 9 月刘老师走后，治丧委员会一致认同，将刘老师亲笔的联句作为大家送别刘老师的挽联。

最后交代

时间进入 2021 年，辛苦奔波了一个世纪的刘雨虹老师，似乎真的是想歇息了。从年初（1 月 6 日）的《退休申明》，到 3 月初繁体字版《照人依旧披肝胆　入世翻愁损羽毛——刘雨虹访谈录》的出版，尤其她在访谈中说的"假如我涅槃了，离开这个世界时，请大家为我歌唱"，闻之令人动容。一切似乎都在预示着这一天的到来：刘老师准备离开我们了。

2021 年 5 月 4 日，适逢五四青年节，我如约再次来到七都庙港"净名兰若"——刘雨虹先生在大陆办公、生活的寓所。而这次的往访,我还承担了一个"特殊的任务",就是要和其他几位学友一起,共同为刘老师做她口述遗嘱的见证人。当我把记录的遗嘱内容复读给老人听,她安详地听完,平静地在上面签名,并与大家现场合影存证。然后继续与大家谈笑风生,一如往常。仿佛这只是一个普通的下午。

斯人已去,音容宛在。法乳深恩,永生难忘!

2021 年 9 月 29 日

第三篇

公门修行

临别感言

七都的各位同事、朋友和乡亲们：

大家好！

终于要和大家说再见了。临别之际，不及一一道别，怕徒增伤感，但又确有许多的感慨。就以这篇感言，与大家集体话别吧。

自2010年8月履职以来，我在七都镇党委书记这个岗位上已经跨越八个年头，待了整整六年零十个月，接近2500个日日夜夜。有幸成为七都历史上，也是目前吴江各板块中，任职时间最长的乡镇书记。在我人生最宝贵的这段岁月里，能够与七都、与大家结缘，是我的荣幸，也是我最大的收获。

从到七都工作的第一天起，我就把七都当作自己的家，把大家当成我的家人，把自己当成这个大家庭的一员。这些年来，在大家的爱护、支持和帮助下，在历届前任打造的良好基础上，我做了一些力所能及的工作，并努力把七都的工作做多些、做好些，多一些有意义的留存，既是回馈组织的信任和培养，更求对得起这一方水土和人民，对得起自己所处的岗位职责。

七都的自然资源、产业特色、人文禀赋，从吴江乃至更大范围看，也是独特优异、不可多得的。这也是我始终小心翼翼、心怀敬畏、倾心尽力去做好本职工作的原因，生怕因自己的无知无畏，而怠慢了这块土地和这方百姓。

这些年，我一直以"有文化地做事，做有文化的事"要求自己，努力为七都做好"加法"，不做或少做"减法"。在大家的共同努力下，七都的知名度、美誉度有了一定的提升，"太湖七都"的品牌，"精致小镇，从容七都"的理念，"太湖国学讲坛""太湖迷笛音乐节"的打造，"三张榜单""两张清单"的做法，也逐渐在区域内外产生了一些影响。当然，也有一些负面的、不和谐的声音存在……这些都发生在我的任内，我不敢居功，但也绝不诿过。

回首这六七年，虽说七都在各方面取得了些许进步和成绩，却也遗憾颇多，只能留待后来者去完善提升。如果大家勉强可以给我的工作打六十分，我也知足了。

而我个人在七都最大的收获，莫过于结识、结缘了一批志同道合的同事、真诚拼搏的企业家和宽容友善的七都人民。特别是在履职之初，得到了已故的七都老书记沈荣泉同志的无私帮助。而与南公怀瑾先生在太湖之角的结缘，则是我人生的一大幸事，他的谆谆教诲、言传身教，必将使我受益终身。

对于为人处世，我始终坚信：做人简单一点，做事考虑得复杂一点。我也深知自己的个性太强、作风太硬、为人太真，应该属于官场的"另类"甚或"异类"。也因此固囿，在工作中难免对大家有不当、不妥或不近人情之处，怎奈"江山易改，秉性难移"，也只能在此一并致歉了！

"天下无不散之筵席"，纵有千言万语，也无法完全表达我对七都的牵挂。好在我虽然离开，却并未远行。在今后的岁月里，我将一如既往地关心、关注这片土地，祈愿太湖七都的明天越来越美好！

最后，衷心感谢大家这些年的陪伴和支持！感谢大家对我的理解和包容！

再见了，七都！

查旭东

2017年6月

在南师的影响下……

2017年5月1日下午,太湖之畔的庙港"净名兰若"小院内,南怀瑾学术研究会一场特殊的理事会如约举行,在名誉会长刘雨虹先生的见证下,会长朱清时院士,副会长宗性法师、李慈雄董事长、吕松涛董事长,副会长兼秘书长马宏达先生,南师子女代表南小舜、南国熙先生,以及部分南师学生代表等,一众十余人与会,围绕一个主题:南师百年诞辰活动的安排与组织,大家相谈甚欢。

我这个南师的"编外学生"有幸旁听、参与了会后的部分活动,受大家的启发和感动,也欣然领受了一个"特殊"的任务,即完成一篇自己的文字作业,向南师百年报告。

在一众大师级的南师学生面前,我能够,也唯一有资格报告的,也许就是我如何在南师的传统文化思想影响下,开展好一个乡镇的基层治理工作。毕竟,在南师生前身后,我在七都镇党委书记的这个岗位上整整工作了七年,对于基层尤其是乡镇工作,还是有一定的发言权的。

我在七都的这段任职经历,特别是与南师交集、受南师影响的这段岁月，都是弥足珍贵的。我想，把我这些年在七都工作的所思、所为、所感，诉诸文字，应该也是南师希望看到的，也算是对于传统文化各自传承的一个体现吧。

之前，在刘雨虹老师的督促和帮助下，我完成了自己的第一份书稿《说不尽的南怀瑾》，并在两岸先后发行了简体字、繁体字版，算是交代了我个人及七都与南师的交集。

受刘老师及一众学长的鼓励，我鼓起勇气，决心将自己在基层的实践和思考述诸文字，定位在"如何在南师及传统文化影响下，开展乡镇治理的实践和思考"，并结合整理我近年来在部分高校、党校授课和给单位年轻干部培训的课件内容，形成了这份书稿。

南师生前也曾鼓励我做这件事，他说："你应该把在基层的实践和思考写下来"，但彼时我刚到乡镇工作不久，又觉得好多话题太敏感，故而拖延塞责了。值此南师百年诞辰之际，又适逢我告别乡镇工作一周年之时，我想也是时候对自己的乡镇工作经历作一个梳理回顾，算是给自己的一个小结，也以此告慰南师，回应南师的教诲和嘱咐。

令我不安的是，这些文字，原本粗浅，内容也确实单薄，但好在有刘雨虹老师的支持、鼓励和"净名兰若"众多师友的帮助，我在讲义整理的基础上，按书稿的要求，再作进一步的扩充、修改。如此写写停停，终于有了眼前的这些文字，勉强算是补交给南师的一份迟到的"作业"。我也衷心希望,这些"入世"的实践和思考,能够对同道中人、后来者有一定的启示和助益。

2018 年 3 月

文化自信靠什么？

"文化自信"这四个字，在我们中国人的记忆中，已经消失了很久，是一个很遥远的概念了。在很长一段时间（可以说近百年）里，我们是羞于、耻于谈"文化自信"的。正像南怀瑾先生生前经常谈及的，近代以来，在经济、科技和军事等许多方面，都落后于西方世界，遭受西方列强的欺负和侵略，导致国人在思想、精神层面的极端不自信，甚至是自卑，进而迁怒于我们的老祖宗，迁怒于中华传统文化，尤其是儒家思想，继而提出打倒"孔家店"，推翻旧文化。分不清，也不愿分清哪些是中华传统文化的精华，哪些是穿凿附会的糟粕，把精华和糟粕一起抛弃，"就像倒洗澡水把小孩子一起倒掉了"。

核心价值观

2012年11月，中共十八大报告从国家、社会、公民这三个层面，归纳了十二个词、二十四字组成的"社会主义核心价值观"。而领导人也曾经指出："社会主义核心价值观的源泉，一定来源于中华优秀传统文化……"

由此我想到，在"社会主义核心价值观"之上，应该还有一个"中华民族共同价值观",而这个价值观,应该是能够统领我们整个中华民族的,包括"一国两制"下实行资本主义制度的香港、澳门和海峡对岸的台湾人民,以及海内外一切中华儿女。那么,这个价值观就必定离不开中华优秀传统文化,至于怎么表述,笔者不敢妄言,但我想,这一定是经历了时间和历史的检验,为我们全民族所共同认同的,并能够团结和凝聚我们全体华人的民族自豪感、自信心的。

我想,如果要以一个人的名字来概括和代表我们的中华传统文化,这个人一定是"万世师表"的孔子,否则就不会有那么多扬名海外的"孔子学院"了……

"孔子学院"

近年来,随着我国国力和影响力的提升,遍布全球各地的孔子学院如雨后春笋般地发展起来,我们的领导人出访,也一定不忘到访相关国家的孔子学院,以彰显我们的文化影响力,吸引各国学子学习和借鉴中华优秀传统文化。

正是孔子在中华文化历史长河中的独特地位,他在全球范围内的影响力非他人可比,决定了是孔子而非其他任何人可以成为中国文化的代言人。"孔子学院"也成为代表中国的一张独特文化名片。

现阶段美中不足的是我们遍布海外的孔子学院,更多仍只停留在教习汉语、汉字等的语言学校的阶段,能够体现中华文化精髓的也只有书法、武术等个别项目。当然，欲速则不达，这需要一个循序渐进的过程。

更加让人觉得遗憾的，则是放眼我们国内那么多大学，普遍设立了马克思主义学院，却没有一所自己的孔子学院来系统研究、教习中华传统文化。虽然个别高校也有国学院、国学研究所之类的机构，却终非普遍、系统，这不能不说是一大缺憾。

当然，我不是主张简单地复古、尊孔，但如何让中华优秀传统文化在国内首先实现进课堂、进教材、进入寻常百姓的日常生活，确实是一个值得加以研究和推广的课题。否则，如果只是"墙内开花墙外香"，我们的文化自信终究是缺少根基，也是难以为继的。

有信仰，知敬畏

人有信仰，方知敬畏。

南怀瑾先生曾说："中国人最大的信仰，是祖宗信仰。"无论是否信仰宗教、鬼神，国人对自己的先祖大多是崇敬的。每逢清明、冬至、春节等重要时节，都有祭祀祖宗、先人的习俗。遇到大灾小难，人们除了祈求"菩萨保佑"，也要祈求"祖宗保佑"，事后也不忘"告慰先祖"。

可见，一个中国人，可以不信教、不敬神、不怕鬼，但一定敬畏祖宗。正因为如此，在国人眼里，对他人祖宗的"大不敬"是最犯忌的。

一段时期以来,"诚信缺失"广受诟病,它暴露的是人们的"信仰""敬畏"出了问题。由此想到另一个关于"信仰"和"敬畏"的问题,那就是作为"无神论者"的共产党人,又该有怎样的信仰和敬畏?

在反腐败"三步走"中,最难的应该是第三步"不想腐"的问题。如果说,靠高压打击解决的是"不敢腐"的问题,靠制度防范解决的是"不能腐"的问题,那么要从思想根源上解决"不想腐"的问题,则一定离不开信仰和敬畏的力量。

只有当廉洁自律的意识、贪腐可耻的观念、修齐治平的修养成为每一个公职人员的自觉追求、人格底线,才能真正从头脑深处根治贪腐的基因。

一个可喜的变化:本届政府的各级选任官员,在任职之初,增加了"宪法宣誓"的环节。其所传递的,应该就是希望各级官员做到对国家的忠诚、对人民的信仰和对法律的敬畏。

当然,信仰的坚守、敬畏的确立,绝非一朝一夕之功,更离不开中华文明、传统文化的浸润和影响。

传统文化是什么？

在方兴未艾的"国学"热中，有一个概念经常被大家疏忽。那就是，"国学"到底是什么？它都包含哪些内容？按南怀瑾先生的话说，"国学"并非中国独有，各个国家都可以有自己的"国学"，而我们的国学就应该是指"中国国学"，或者叫"中华传统文化"。

那么，中华传统文化究竟又是指什么？

必须承认，中华传统文化知识浩如烟海，多少大家终其一生也未必能窥得一二。要回答这个问题，远非我辈力所能及。但厘清一些基本的概念，还是可能的，也是必要的。否则，若认为研究和传承中华传统文化只是少数文人学者的专利，就会遗患无穷了。

所谓"道不远人"，真正的优秀传统文化并非曲高和寡，而应该是我们每个人都可亲、可近、可感的。

中华传统文化所包含的内容应该是非常宽泛的。它既包括普遍认同的诸子百家、经史子集、儒释道等国学经典，也应该包含上下五千年（或为三千年）的中华历史。

此外，还有一个重要的方面，恰是经常被忽略的，或者被认为是登不得大雅之堂的，就是历代流传下来的评书演义、传奇故事、民间传说，乃至治家格言、家风家训……而这方面的受众恰恰是最广泛的，也理应被纳入传统文化的范畴。

中华传统文化应该是涵盖了中国历代经典（知识）、历史（正史逸闻）、经验（学问）的总集。

至于知识与学问的关系，南怀瑾先生在《论语别裁》中说过："学问不是文学，文章好是这个人的文学好；知识渊博，是这个人的知识渊博；至于学问，哪怕不认识一个字，也可能有学问——做人好，做事对，绝对的好，绝对的对，这就是学问。"

可见，有知识不等于有学问，更不代表有文化。

学经典的"捷径"

众所周知，中华传统文化浩如烟海，即便是其中的经典，也堪称汗牛充栋。作为普通人，我们不是专家、不是大师，如何在有限的生命内，尽可能多地去了解和接触这类经典，学习精髓、掌握要义，不走或少走弯路，无疑是众多国学爱好者关注的问题。那么究竟有没有这样的捷径，或者说"方便法门"呢？

其实众多的国学大家已经为我们开列了许多入门的优秀经典的书目、书单，可以让我们少走许多弯路，直入"方便之门"。

南怀瑾推荐中国文化经典书目：

(1) 三百千千（《三字经》《百家姓》《千字文》《千家诗》）；

(2)《文字画研究》(吕佛庭)、《御定康熙字典》(线装本)、《新修康熙字典》、《远东国语辞典》(台湾版)；

(3)《幼学琼林》《古文观止》《龙文鞭影》；

(4)《增广诗韵合璧》《古诗源》《宋元诗评注》《清诗评注》《随园诗话》；

(5)《古文辞类纂》(安徽桐城姚鼐编)、《续古文辞类纂》、《经史百家杂钞》(曾国藩编)；

(6)《古今图书集成》(康熙、雍正时期编，称为"康熙百科全书"）；

(7)《纲鉴易知录》(这是一部中国通史，作者吴楚材，编过《古文观止》，做过私塾先生)；

(8)《儿童中国文化导读》(1~36册)、《儿童西方文化导读》(1~4册)(台湾老古文化公司编辑)。

这是南老师在给中国人民大学国学院的师生授课时开具的一个书单，我想它也应该是适用于我们普通的国学爱好者的。

南老师是这样说的："我给你们开一个书单，教你走捷径，可以快些进入中国文化的宝库，也可以懂一点西方文化了。"

而我个人，则更愿意推荐南怀瑾先生自己的文章著述。因为对我们这些在简体字、白话文环境下成长起来的人而言，与古人直接对话的能力已经很弱了，而南老师的书，涵盖了儒释道史经典要义，正可以帮助我们把老祖宗的东西以清晰直白的方式读懂、读透。

入门推荐：

(1)《论语别裁》(先生代表作，带领当代中国人寻根)；

(2)《金刚经说什么》(深入浅出，阐释经典中的经典)；

(3)《人生的起点和终站》(探索人生问题，述说文化精神)。

特别推荐：

(1)《禅海蠡测》(义理与文采俱精的旷世杰作)；

(2)《原本大学微言》(经史合参，细论内圣外王之道)；

(3)《中国文化泛言》(阐扬中国文化的内义与使命)；

(4)《圆觉经略说》(悟道的经典，悟道者的解说)；

(5)《定慧初修》(指点佛法的修持法门)；

(6)《习禅录影》(先生主持"禅七"的记录，展示大禅师的手段与气派)；

(7)《老子他说》(解读中国文化最核心的"道")；

(8)《庄子諵譁》(不负先贤、不负后学的了义诠释)；

(9)《易经杂说》(学习《易经》的捷径)；

(10)《南怀瑾与彼得·圣吉》(对话当代西方管理学大师)。

"经"与"史"的关系

听南老师的课、读南老师的书，一个最大的感受就是他的"经史合参"。对于传统经典的阐释，他一定不简单停留于字义的解释，而是把经典放到具体的时间、地点、人物背景中去加以解读，或古或今、或中或外，从而把经典讲通、讲透。讲者通晓畅达，听者醍醐灌顶。我想，这大概也是他的书（课）能够那么受欢迎的原因之一吧。

这也告诉我们一个道理：读书、读经典，一定要与具体的历史经验和社会实践相联系、相挂钩，否则就成了"读死书、死读书"，充其量掌握了一堆"知识"，却不能转化为真"学问"。

与之相应，历史和现实中的很多事例，同样是蕴含了丰富的人文知识和经验教训的，读通了历史，同样也可以明白很多人生的道理。这也正是南老师要建议大家，把《纲鉴易知录》和其他人文经典一起读的道理。《红楼梦》所谓"世事洞明皆学问，人情练达即文章"，说的应该也是这个道理。

当然，这个"史"，既可以是"正史"，也可以是"野史"，很多历史的真实，有时并不一定在"正史"中，而恰恰是以各种隐晦的方式，暗藏于各类"野史""杂说"之中，当然这需要我们用自己的眼光去分辨、判断和把握。

了解了"经"与"史"的关系，能够帮助我们明白事理，但这并非最终的目的，其落脚点是要放在如何"用"上面的，也就是儒家所谓的"内养"与"外用"。

"内养"与"外用"

《大学》讲"格物、致知、诚意、正心、修身、齐家、治国、平天下",古人所谓"内修圣人之德,外施王霸之术""穷则独善其身,达则兼济天下",指的应该都是"内养"与"外用"的关系。

儒家讲"存心养性",道家讲"修心炼性",佛家讲"明心见性",即所谓"心性之学",指的应该都是"内养",即个人的修养。也就是通过个人内在的修炼,达成完善的人格品质,进而"内化于心、外化于形"。

而在表现形式上,"仁义礼智信,温良恭俭让"这十个字应该可以很好地诠释传统儒家思想对于普通人"内养"与"外用"的衡量标准。

而"内圣外王""修齐治平"无疑是封建士大夫、王侯将相在"内养"与"外用"方面的最高追求了。

中华优秀传统文化之于当下,同样也有"内养"和"外用"的现实意义。所谓"内强素质""外树形象",与之应是一个道理。

如果人人皆能做到因"内养"而"自利"、因"外用"而"利人",无论对于民风的改善、社会的进步,还是对于民族复兴的实现,都将发挥积极而深远的作用。

而这恰恰需要我们每个国民能够从中华优秀传统文化中汲取养分，养成健全的人格品质，提升自我修养、才干，进而为家庭、社会、民族、国家贡献自己的力量。

"公门之中好修行"

俗话说:"一辈子做官,八辈子做牛";又云:"公门之中好修行"。两者看似矛盾,实则各有所指。这两句话也是南师经常对身在官场的访客或学生说的。

因为在他看来,"公门"(官场)中人掌握了大量的公共资源,是最有条件谋私利、做坏事的,也是最有机会施德政、做好事的。而所谓修行,既要有善愿,更要有善行,最终还是看你的"行"。

我的理解:身在公门、人在官场,修的这个"行",就是要用好手中的权、尽好肩负的责、办好百姓的事,小到为单位、为集体,大到为民族、为国家,多做添砖加瓦的好事、善事,不做"挖墙脚"、损公肥私的坏事、恶事。如此,才能种善"因",得善"果"。

无论是"初心"的达成,还是"使命"的实现,一定是由一个个具体的人(尤其是"公门"中人),通过一件件具体而细微的事,慢慢累积、逐步体现的。与其空喊口号,不如实实在在地做事。

现实中,另有一种现象也不在少数:饱食终日,无所事事。此类"尸位素餐"的官员，与一心只谋私利的腐败官员一样，同样是不足取的。

作为公职人员，我们既要遵守公务员的职业操守，也要符合共产党员的党性修养，这与南师所讲的"公门之中好修行"，应是一脉相承的，但经他的概括提点，感觉更能入心入脑，印象深刻。

"事业"与"功德"

"事业"与"功德"，这是两个经常被人挂在嘴边的词。但真正把这两个词所蕴含的意义、道理搞清楚、说明白的却并不多。

先说"事业"，这是体制内外的人时常使用的一个词。人们经常会用"做一番事业"来形容一个人的理想、抱负，但多半还是从自身出发，为的是实现自己的人生目标，至于作为个体的这个"事业"，与国家、民族关系如何，则未必在意太多。

再说"功德"，它多半是信众们以自己的修为、奉献，对于自己所皈依的宗教、教义，所做的贡献和付出，为的也多半是福佑自身、荫及家人子嗣。至于是否有利社会大众，则并不关心在意，功利的色彩较浓。

而南怀瑾先生则用浅显直白的语言，把"事业"与"功德"的核心要义表述得清楚明白，让人印象深刻。

关于"事业"，他引用孔子《易经系传》的话，说明了中国文化对事业的定义："举而措之天下之民，谓之事业"。他指出："工商业做得好，很发财，或者官做得很大，这不是事业，这个是职业。"进而，他进一步阐明："一个人一辈子，做一件事情对社会大众有贡献，对国家民族、对整个社会，都是一种贡献，这才算是事业。"

关于什么叫"功德"，南先生更有一番妙述："事而功成者谓之德。""做事有贡献、有成果的都谓之功，有效果的累积起来谓之德，功是功，德是德。如污染之地，你把它洗净了，这也是功德。无功不叫德。不是要人出一点钱，就是功德无量……"

人有强弱，善无大小。在我们身边，不乏成功的企业家，同时又是热心公益的慈善家；也有众多普通人，以自身微薄之力回馈社会。

而在南怀瑾先生看来，办好一个企业，照顾好自己的员工，少则一二百人，多则几千、数万人，而每个员工背后是一个家庭，就等于解决了数千、数万人的生活问题。这就是了不起的"功德"。

明白了这些道理，我想我们也不敢轻言"事业"或"功德"了，还是踏踏实实做一些事要紧。

"方便法门"

佛家讲"方便法门"，禅宗有"机锋转语"，这是在南师课堂上经常可以听到的话。其本意是指佛家随机度人的一种方法，是一种随时设教、随机应变的智慧，进而扩伸为做人做事的一些方法、手段。南师育人，便有这样的智慧。

而我似乎对"方便法门"情有独钟，因为对于我这样根器不深又俗务缠身的学生而言，贪图的就是这个"方便"，因而也时时拿自己在工作、生活中运用的一些"小把戏""小机灵"，请教南师，自己算不算是在运用"方便法门"，每每得到南师首肯，也便心生欢喜、乐此不疲。这或许算得上我向南师学习的一大收获了。

当然，南师所讲的"方便法门"绝不是投机取巧、耍小聪明，而是要发心正、立愿正，为达成一个正确、有意义的目标任务，而使用一些恰当、方便的手段或途径。也就是我们平常所说的"做事要有办法"，否则空有满腹经纶、一腔抱负，却眼高手低，终将一事无成。用南师的话说，就是"正人用邪法，邪法也正；邪人用正法，正法也邪"。

比如，南师曾经提到苏州当地的一位优秀地方官员——曾经开创了"张家港精神"的张家港市原市委书记秦振华先生，认为他为了促进一个地方的发展，办法多、点子活，其在施政中的很多作为收到了事半而功倍的效果。

南师常说：人生"不如意事常八九，可与人言无二三"。可见，在现实生活中，遭遇挫折、事不如意本属正常。与其自怨自艾、怨嗔他人，不如面对现实，从自己力所能及的地方入手、尽力而为，做到"但求无愧我心"即可。心态好了，如果再加上合适的措施，运用"方便法门"得当，不利的事情或许也会迎来意想不到的转机。

"正臣"与"邪臣"

20世纪七八十年代，南师曾经给岛内部分政商人物讲课。有人据此批评南师是一个"政治掮客""投机钻营分子"，认为他讲的是"阴阳家""权谋术"，是有政治图谋的。其实南师所讲的不过是历史，借故喻今罢了。他用历史上的君道、臣道，告诉今人做官、做人的道理，并无任何个人的利益图谋。也因此，为避纷扰，他在1985年选择了离开中国台湾、远走美欧……

而他对君道、臣道的阐述，即便在今天看来，仍然是有启发而不过时的。比如，他引用《长短经》中《臣行第十》篇的话，分析了历史上的六种"正臣"（好干部）、六种"邪臣"（坏干部）：

圣臣："……萌芽未动，形兆未现，昭然独见存亡之机，得失之要，豫禁乎未然之前，使主超然立乎显荣之处。"如伊尹、姜尚、张良这些人，都可算是圣臣，属于"三公之流"，在历史上这种第一流的干部，都是王者之师。

大臣："虚心尽意，日进善道，勉主以礼义，谕主以长策，将顺其美,匡救其恶。"这类干部,自己很谦虚,每天帮助领导人做好事,贡献宝贵的意见,古代称为"骨鲠之臣",骨头硬的大臣。

忠臣:"夙兴夜寐,进贤不懈,数称往古之行事,以厉主意。"这类干部有道德、有学问、有修养,为人厚道,又举贤荐能。

智臣:"明察成败,早防而救之,塞其间,绝其源,转祸以为福,使君终已无忧。"这类干部深谋远虑,处事能顾虑周全、防患未然、转危为安,使上面领导的人,没有烦恼、痛苦、愁闷。

贞臣:"依文奉法,任官职事,不受赠遗,食饮节俭。"这类干部负责任、守纪律,奉公守法,上面交给的任务,能够尽力做到,不贪污、不受礼,生活清苦简单,是廉洁从政的好公务员。

直臣:"国家昏乱,所为不谀,敢犯主之严颜,面言主之过失。"这类干部对上不恭维、不拍马屁,敢于碰硬、说真话,这样的干部多半没有好下场。南师说,其实历史上还有一类"曲臣",比如汉武帝时的东方朔,就以"曲臣"之道,多次救了"直臣"汲黯的命。

"是谓六正"。

具臣:"安官贪禄,不务公事,与事沉浮,左右观望。"南师把这类干部形容为"水晶汤圆"型干部,"又透亮,又滚圆"。

谀臣："主所言皆曰善，主所为皆曰可，隐而求主之所好而进之，以快主之耳目，偷合苟容，与主为乐，不顾后害。"清朝的和珅，乾隆皇帝的璧臣，就是历史上这类拍马屁干部的代表，"投其所好"是这类干部巴结领导的一大法宝。

奸臣："中实险诐，外貌小谨，巧言令色，又心疾贤，所欲进则明其美，隐其恶；所欲退则彰其过，匿其美，使主赏罚不当，号令不行。"这类干部内心阴险，外表规矩，绝非戏台上脸谱化的人物那么易于识别。宋代的秦桧，当得此例。

谗臣："智足以饰非，辩足以行说，内离骨肉之亲，外妒乱于朝廷。"谗臣与奸臣很相近，嘴巴坏得很，知识渊博，学问好，又很会说话，才智论辩，擅长挑拨离间，这类人很多。

贼臣："专权擅势，以轻为重，私门成党，以富其家，擅矫主命，以自显贵。"像王莽之流，历史上一些篡位的臣子，最后都到了这个程度。

亡国之臣："谄主于佞邪，坠主于不义，朋党比周，以蔽主明，使白黑无别，是非无闻，使主恶布于境内，闻于四邻。"这类人，帮助老板走上坏路，把错误都归到老板一个人的身上，实际上是下面人的错误。历史上的宦官乱政，当属此例。

"是谓六邪"。

有文化地做事，做有文化的事

一段时间以来，我们的"城市化"快速推进，随之而来的则是饱受诟病的"千城一面"。大大小小的城市，一味地追求"新、奇、怪、异"，复制、拷贝了一大堆"城市地标"，却鲜有能留存后世的"精品""力作"。其中，以资本逐利为目的的开发商们，无疑是主要的推手，而城市的规划、设计者们，也难辞其咎。

即便在新一轮的"特色小镇"建设中，也同样存在着"一窝蜂""特色不特"的弊病。遍地开花的"文旅小镇"就是例证。

究其因，就是我们过去在经济建设中取得的经验和存在的教训又转移到了城市化进程中。即在追求"量"的快速扩张的同时，常常忽略了"质"的提升和"文化"的内涵。

我们在这方面走过的弯路不可谓不多，付出的代价不可谓不沉重。常常做很多的"无用功"，满足于量的增长，而忽略了质的提升，重复于做"产品"，却不能够留"作品"。

破解之道也许就在这两句话中："有文化地做事，做有文化的事"。

"有文化地做事"，就是要提升行为主体（尤其是主政一方的地方主官和企业负责人）的文化修养、理性思维、民主意识，改变长期以来养成的工作定式、思维陋习，克服惰性，遇事多想想怎么做才更有意义、更有价值，尊重个性、鼓励创新、弘扬特色，而不是简单化、一刀切。

"做有文化的事"，就是要让我们的工作成果（无论经济发展还是城市建设），多一些"文化+""+文化"，经得起时间和历史的检验，成为历久弥新的"作品""精品"，而不是昙花一现的"产品""商品"。

当然，要做到这两点，殊非易事。特别是对于基层干部而言，由于学识、阅历、眼界所限，加上资源、权限不足，做事往往满足于"过得去"，不想或不愿想"过得硬"。习惯于和过去比、跟差的比，很容易自我满足、应付了事。因此，这无疑是项艰巨而长期的任务。

其实，也不乏这方面的成功经验和好的做法：比如内学外引、典型示范、以点带面；比如"请进来""走出去"，让大家开眼界、长见识、增才干。有时可以借助好外力、外智，让大家在潜移默化中得到锻炼和提高，进而内化为自觉意识和修养能力。

南怀瑾先生曾说，不同于西方的专才教育，中国传统文化更侧重通才的教育和培养。

时代呼唤更多的"通才"，能够横向"跨界"、纵向"打通"，这恰恰是建设"美丽中国"迫切所需的。很多事情孤立看近乎无解，放眼长远、立足更大范围，却能够豁然开朗。

南师的"经史合参"、儒释道"三家合一"，应该是同样的道理。

文化的力量

在基层治理中，如何发挥传统文化的作用、价值，使其"经世致用"，即"我们可以做什么、怎么做"，应该是一个现实而有意义的课题。

在"以 GDP 论英雄"的年代，对基层干部工作的考评侧重于经济的增长。而现阶段，则涵盖经济、民生、安全、环保、稳定、生态等方方面面。而基层所面对的，是少得可怜的行政资源、多得数不清的"婆婆妈妈"，做事全凭干部一张嘴、两条腿。基层干部的每一天，都可以用"压力山大"来形容。

而排解压力的最好办法，是找到文化（精神）力量的支撑。南怀瑾先生在 89 岁高龄时，仍坚持办学兴教，正是他有矢志不渝的人生目标——接续中华传统文化百年之断层。

以我在基层工作的经历和感受，正是有了与南师的交往，有了传统文化的精神熏陶，才使我在工作中不再孤寂、不再难挨，相反，而能够在这段岁月里如沐春风，获益匪浅。

记得初到任乡镇时，我也曾"约法三章"："没有规矩的要立规矩；有了规矩的要守规矩；违反规矩的要讲规矩。"讲究的还是制度建设对于一个地方治理的重要性。

　　随着时间的推移,特别是随着与南师交往的加深,我越来越觉得,在制度之先,更应该重视文化建设。对于一个地方的善治,文化显得尤为重要。而一个地方的文化建设,并非实用主义的现学现用,而应该是根植于传统文化与当地文化渊源土壤的融合与发展。

　　毋庸讳言,一个地方的治理特色或多或少会打上这个地方主官的个性烙印。这就要求,首先必须从自我做起,确立正确且明确的目标方向,同时避免犯南师所讲的"三个不能犯的错",即"德薄而位尊,智小而谋大,力小而任重"。其中,"德"无疑是居于首位的,也即一个地方官员的个人品行、修为、素养,决定了他的所作所为的支点和方向。而这方面,恰恰是优秀的中华传统文化,能够提供充足的养分。

　　最初听南师的课、读南师的书,主要在于学习如何做人、做事,更多还有好奇的成分在里面。到后来,却发现自己已是不由自主地融入了其中,先前一些模糊的认识、懵懂的概念,渐渐变得清晰,人生的方向变得明确,做人做事的出发点变得更坚定自主。这些都是在不知不觉中发生的变化。而让发生在自己身上的变化更进一步延伸扩展到周围的人群,使之有益于一方,则属于意外的收获和惊喜了。

　　做事业,既要有情怀,也要有胸怀。先做人,后做事;简单做人,复杂做事。做人可以简单些,如果人人设防,势必人人自危，处心积虑而不得心安，到头来人人都是受害者；而做事却要尽量考虑得复杂、长远些，"人无远虑必有近忧"，做最坏的打算，往最好处努力。

基层做事，在发展经济、致富百姓的同时，也要结合当地的自然禀赋、文化基因，找准定位、认清方向、坚持特色。持之以恒，终有所成。

南师的"以出世的精神，做入世的事业"，应该是最好的诠释。而"出世"精神的确立，则离不开传统文化的熏陶。

还有一点也是十分重要的，就是如何让广大的基层干部安心乡村、扎根基层。除了组织层面的考虑，加强文化的认同、精神的引领，应该是更高的境界追求。

传统中国农村强调"乡贤治理"，依托的是儒家思想的"修齐治平"。今天，我们的核心价值观、党建理论、执政理念，如能从优秀传统文化中汲取养分，应该也是不无裨益的。

处理好"做"与"说"的关系

在现实世界里，如何处理好"做"与"说"的关系，是身处职场，尤其是基层公职人员经常会遇到的困扰。"做"是做事，当属于事功的范畴；"说"是言论，则可理解为经验、观点的总结。

"先做后说"：对于一些试验型、探索性的工作，与其大张旗鼓地宣传，不如实实在在地去试行，等有了经验的累积、成果的显现，再适时地加以总结提炼，并做好宣传推广，形成正面典型的价值。邓小平的"摸着石头过河"理论，应该也是这个道理。

"先说后做"：有些事，实施的难度较大，但意义深远，短时间未必看得出成效，存在的阻力也更大。这就需要舆论先行，做好充分的动员、解释和宣传、说服工作，要让参与各方充分理解决策的意图和意义所在，务求把道理说清讲透，进而凝聚各方的智慧和力量，形成工作的合力，然后因势利导，加以推进，才能把好事办好，行稳而致远。

"边做边说"：有些工作的开展是需要在实践中加以摸索、完善的，既要注重实践，并实时修正工作中的偏差和缺漏；也要注重舆论的引导，统一内外思想，消除工作中出现的各种杂音，变负面为正面，变阻力为助力。要有"积小胜而为大胜"的耐心，持之以恒，方能收到最大的成效。这体现的是实践精神和理性思辨的统一。

"只做不说"：在基层，常会遇到突发的情形，迫在眉睫、不能不做，且一旦拖延会滋生各种弊病，必须当机立断，只要没有明文禁止的，就可以采取迅速果断的手段加以处置，事后也不便加以总结汇报。这也类似于"想做事，不请示"的情形，考验的是当事者的智慧和勇气，是要承担一定风险的。选择"不说"，也是降低风险的一种手段吧。

"只说不做"：现实中此类情形不在少数。无论是"以会贯会""公文旅行"的形式主义，还是"口号领衔""政绩优先"的假作为、真作秀，皆当在此列。当然，事分为二，有时基层为了应付一些不切实际的"好高骛远""层层加码"，不得已也用此法。目的是规避无谓的争论和辩解，争辩无益，索性避实就虚。

凡此种种，不一而足。"做"与"说"，孰先孰后、孰优孰劣，本无定论。所差者，只在当事者的"初心"罢了。或许，这才是古人"立德"为先的道理吧！

"父母官"与"隔代亲"

2010年9月，我到七都工作初见南师，他便戏称我为"父母官"，虽有调侃的成分在，却也道出了乡镇干部的一个实际地位和作用：我们所处的，恰恰是传统中国农村家族治理的范畴。

今天基层乡镇一级政府的架构，过去也许只是若干家族家长管理的范围。所不同的在于，今天主要靠法治，过去更多依靠人治。而法治是有很高的行政成本的，且不能完全覆盖人治的范畴。

当然，我们不可能，也不应该回到过去，但有些东西是可以借鉴和吸收的，比如儒家思想中的一些观念，比如"家长"的地位、作用。

我的理解是，既然做了这个"父母官"，就要很好地履行

"家长"的职责，当好这个"家"。该做主就要做主，该拍板就要拍板。前提是要出于公心，为了大多数人的利益，而非为个人或某个小团体的利益。

现实的障碍在于，在同为"家长"的"父母"之上，还有"爷爷奶奶、外公外婆"，甚至"曾祖父、曾祖母"等众多长辈。如果把老百姓比作"儿女"，基层政府相当于"父母"，上级政府则是"祖辈"。

有趣之处在于，在中国社会，普遍有一个"隔代亲"的现象。也即当父母的要管教孩子，爷爷奶奶却要拦着，甚至无原则地袒护、溺爱。而当小孩儿真的闯了祸、出了事，爷爷奶奶又要责怪当父母的没有尽责。

遗憾的是，这样的"隔代亲"现象，在我们现今的体制内不无体现。以至于"父母"管教不听话的"小孩儿"，还得捂着"小孩儿"的嘴，避免他把"爷爷奶奶"招来；或者索性放任不管，把责任和义务直接推给"爷爷奶奶"。

这或可算作当下上下级政府间关系的一个生动写照。因此，还是应该强调一级管一级、一级对一级负责。否则一旦角色错位、越位，则后患无穷。

为"家长制"正名

"家长制"——一个经常被贬义化的词，其实也是应该辩证看待的。即便以今天的"父母""家长"而言，相信都会尽心尽力为一个"家"操持劳累而无怨言。人们所诟病的无非是封建"家长制"的独裁与专断，但事实上，也许过去的"家长制"同样不乏我们今天所称道的"民主与集中"。

同样，作为一个地方、一个单位的"一把手"，无须讳言自己的角色身份，"家长"也罢，"班长"也好，其职责定位应该是与角色相当的。重要的是如何体现尽职的态度、履职的能力、失职的惩戒。我想，这应该也是传统文化与当下的相通之处。

一个正常的家长是不会对自己的家庭成员不负责、不尽责的，而现实中，我们恰恰缺少这样负责任的"家长"，才导致了那么多戕害"子民"的现象发生。

其实，我们更应该探究的，是如何提高"一把手"的决策能力。如何在保障公平、公正、公开的前提下，提高效率、防止差错，是我们在基层当"一把手"的"家长"们所必须面对的课题。

正因为如此，除了加强法治建设，完善制度法规，压缩漏洞空间，更主要的还在于，要培养各级官员（民众亦然）的"敬畏"心，除了敬畏法律、纪律，也要敬畏土地、敬畏百姓、敬畏神明。从这个意义上看，弘扬、传承优秀中华传统文化的作用、价值就不言而喻了。

我们可以是无神论者，但不应该是"无所敬畏者"，只有知敬畏，才能知耻、知礼、知止，整个社会才能健康有序。

《县委大院》:"中国式"基层干部

【剧情简介】

中国共产党十九大前夕,梅晓歌走马上任光明县县长,与县委书记吕青山、副书记艾鲜枝等成为同事,此时摆在他们面前的是急需修复与发展的光明县,林林总总的难题和麻烦接踵而至。梅晓歌情商高,亲和力佳,逐渐和同事打成一片,平衡施政过程里的矛盾;又有破釜沉舟的勇气,到任后马不停蹄地走遍了光明县上百个村子。当选县委书记后,梅晓歌致力于推动深化改革干部作风,坚持绿色发展理念,在保护环境的基础上保障民生,对县城教育进行优化。在县委班子的努力之下,终于实现了光明县脱贫致富、健康发展的治县理想。年轻干部也在实践锻炼中不断成长,做好传承,推倒干部与群众之间的无形藩篱,干群关系焕然一新。

党的二十大报告在总结新时代十年的工作时,并不避讳地指出:"形式主义、官僚主义现象仍较突出",体现了执政者的清醒和勇气。近期央视一套黄金时段播出的电视剧《县委大院》,作为一部现实题材的主旋律作品,在党的二十大召开后不久播出，多少有着标志性意义。剧中对于基层治理中存在的种种"形式主义、官僚主义"乱象，也有一定的涉猎与反映，虽仍有脸谱化、标签化、口号化的不足，但塑造的一批县、乡、村基层干部形象，基本还是可感、可信的，反映了新时代以来"中国式"基层干部的众生相，也说出了一些来自基层一线的真实声音。

县委书记：身正心齐，谋事在人

剧中老、中、青三任县委书记都以正面人物的形象出现，少了许多官场剧中常见的权谋争斗，着重体现了这个岗位人物的"正能量"：老书记的"识大体、顾大局"，前任书记的"有情义、肯担当"，现任书记的"明事理、重长远"。在"主官异地"成为常态的情况下，如何做到既吃透上情，更熟悉下情？如何避免"空降"干部下车伊始就"指点江山"？如何真正了解社情民意，不搞走马观花的"打卡"式调研？关键还在于为官者心存敬畏，视人民为父母，真正与这块土地上的百姓交心，立身正，人心齐。首先是要确立"功成不必在我"的政绩观。县委书记作为一县主官，既是"班长"，更像"船长"（一荣俱荣，一损俱损），既要谋势（认清方向、看准趋势），更要谋事。招商引资、征地拆迁、信访维稳、环保安全、扶贫帮困……基层工作常见的"几大件"，在剧中都有较生动、细腻的刻画表现。县委书记表面风光无限，实则"压力山大"。

如何在"既要……又要……还要……"中取得平衡、"弹好钢琴",考验的是主政者的政治智慧、治理能力。做事的关键在于用人。县委书记作为基层"最后下决心的人",个人强不算强,班子强、团队强才是强。道理看似简单,但并非所有的主官都能说到做到。太多"强势"的官员,虽然个人能力出众,却不懂得借助班子集体的智慧与力量、调动方方面面的积极性,而是一味地"孤军奋战",搞"一言堂"式管理,最终落得"西楚霸王"式的下场。

县长:既是配角,也是主角

县长作为政府的"当家人",地位和作用都很微妙。在党委班子内,他是书记的主要助手,属于"配角",而在政府班子内,作为法人代表、行政诉讼的"第一被告",又是当然的"主角"。政府工作千头万绪,作为一县的行政主官,遇到艰难困苦的局面,县长需要冲在前面,挡得了"子弹"、受得起委屈。遇到成绩荣誉,又要知谦让、懂退避,把"闪光"的机会留给书记,找准"配角"的定位。而这"配角"与"主角"之间,也是有主次之分的:作为县长,首先是"配角",其次才是"主角"。前者涉及班子的团结、和谐,后者关系到工作的实效与成绩。如果二者的次序搞颠倒了,轻则"一山不容二虎",重则"两败俱伤"。在官场的"潜规则"中,多数县长会接任书记,这也是组织用人的一个导向,不能接任的多半问题也是出在没能处理好班子"团结"上。考验的就是县长要有"媳妇熬成婆"的耐心和定力。剧中的女县长行事果断、雷厉风行，遇事则向书记多汇报、勤请示，较好地把握了作为县长的定位与分寸，是塑造得较为真实、可信的一个角色。

宣传部长：当好"消音器""扩音器"

剧中的宣传部长着墨不多，却形象地道出了基层宣传部长的主要"功效"：当好政绩形象的"扩音器"和负面舆情的"消音器"，至于"创卫、创文"之类的达标创建，实非基层所愿，反倒是次要的职责了。

在人人触"网"的"全媒体"时代，最难的还是"消音器"功能的发挥。剧中宣传部长出现的几个场景，多数是在应对突发的负面舆情。如何因势利导、"化腐朽为神奇"？如何转危为安、化险为夷？考验的是政府"危机公关"的能力和水平。

当然要做好这份"消音器"工作，还少不得加强与各类媒体、"大V"的日常沟通联络，培养好感情、处理好关系。既要能做到正面消息发得出，也要能保证负面舆情"控得住"。

乡镇书记：忍辱负重，"各显神通"

"上面千条线，下面一根针。"作为最基层一级党委政府的"当家人"，乡镇书记、乡长镇长的岗位无疑是最受煎熬的，也是现有"属地管理"体制下最容易成为各级"问责""追责"的一个群体。

对他们来说，既要谋发展，更要保稳定，首先要保证"不出事"。否则上面各种板子敲下来，可能还没弄明白怎么回事，自己已经"销声匿迹"了。在经济基础相对薄弱的地方，"吃饭财政"仍难得到保证，想做点事只能靠"八仙过海，各显神通"："拜庙求菩萨"，要钱要政策；遇事冲一线，委曲求太平。

剧中塑造的几个乡镇书记，"泥土味儿十足"，没有条框痕迹，较为真实可信。其中既有苦口婆心、反复上门，动员拆迁、息访的城关镇书记，也有兢兢业业、"巧妇无米"的薄弱乡书记，还有察言观色、一心求转岗的"投机型"书记。

村主任：夹缝求生存，里外难做人

村书记、村主任，作为村级组织的"带头人"，他们"似官非官"，首先自己就是农民。作为离农民最近的一群人，对上，他们是基层干部，谁都可以来指挥；对下，他们是乡邻乡亲，谁都可以来埋怨。他们算得上在夹缝里求生存，里外难做人。

在"脱贫攻坚""乡村振兴"的号召之下，各级各类支农、惠农的政策层出不穷，却也被形形色色的"留痕""作秀"所折腾。剧中扶贫干部"三进农家"必须要贫困户签名留痕，就是一个生动的例证。

在村民自治普遍失能、缺位的情况下，农民的自主意识、积极性尚未得到充分调动、发挥。由此也出现了颇为尴尬的局面：一方面，一群腿不沾泥的"城里人"在"操心"着农民的生产、生活，一厢情愿的结果可想而知；另一方面，一帮缺乏现代知识理念、只靠朴素情感和热情做事的村干部，在眼花缭乱的新生事物面前，其工作只能是陷于一片忙乱，变成"风箱里的老鼠——两头受气"。

从这个角度来说，广大的农村呼唤爱家乡、有文化的"新型农民"回归，更需要懂经营、善管理的现代"乡贤式"人物来担任"领头羊""带头人"。

年轻干部：代表着未来和方向

"青年强，则国家强。"这是党的二十大报告最后发出的强力召唤。但具体到农村，却又是一个难解的课题。一个普遍而严峻的现状是，更多的年轻人是在"逃离"农业和农村，即便是体制内的年轻人，也在逃离基层、远离乡村。

剧中的几个年轻干部正面形象的塑造，多少带有主创者理想主义的色彩。他们有朝气、有韧劲，也有困惑和迷惘，较为真实地反映出农村基层干部"青黄不接"、后继乏人的困境。

新一代"90后""00后"年轻人的知识结构、价值取向，更多受网络影响，他们对于不认同的事物，未必会积极地表达、强烈地反对，却会以自己的方式消极应对：或置之不理，或选择远离。这与他们的父辈、祖辈们已有很大的不同。

对于基本不看《新闻联播》的一代人，如果仍用老一套的方式手段去与他们沟通交流，无异于刻舟求剑。如何指导帮助新一代年轻人成长、成才，这又是摆在各级组织人事管理部门面前的一个难题。

          2022 年 12 月 23 日

《天下长河》：识水、识人、识时务

湖南卫视近期热播的电视剧《天下长河》，颇有《大明王朝1566》《雍正王朝》《康熙王朝》《天下粮仓》之风，令人眼前一亮，有一种久违的酣畅淋漓之感，为优秀古装历史剧再添浓墨重彩的一笔。

该剧的情节并不复杂，讲述的是康熙年间两位治水功臣——陈潢、靳辅，历经数十年艰辛治理黄河水患的史实，演绎的是君、臣、士之间复杂微妙的关系，吸引人、打动人的是剧中人物忍辱负重、百折不回的真实际遇和那份不计个人得失荣辱、志在苍生万民的格局心胸，堪为后世楷模。

识水：专业的人做专业的事

黄河作为中华母亲河，气势恢宏，一泻千里，自古以来就受到人们歌颂传唱，留下了"白日依山尽，黄河入海流""大漠孤烟直，长河落日圆"等名句名篇。而黄河水患灾害的治理，也是历朝历代的一项工作重点。"术业有专攻"，要治水首先要知水。在中国治河史上涌现了不少识水、懂水的名人志士，大禹"三过家门而不入"、李冰父子与都江堰、汉朝贾让的"治黄三策"、明朝潘季驯的"束水冲沙"和清朝靳辅的治黄功绩，都为后世所铭记。剧中的陈潢虽没有任何功名，但对治河有独到的见解，作为靳辅的重要幕僚和专业助手，与靳辅一起对黄河进行了千里大调研。他们既吸取前人的治水经验，又开创性地提出"引黄济运"，即引黄河之水入运河，加强运河的水势，提高运河通航的能力。对于陈潢这样一心扑在毕生挚爱的专业领域、不谙人情世故的治水能人、"专业干部"，最大的成就感、幸福感，莫过于实现自己的理想和抱负。从这个角度讲，陈潢有靳辅这样为他"遮风挡雨"的顶头上司和康熙这样知人善任的"老板"，无疑是幸运的。剧中的靳辅、陈潢，属于"直臣、孤臣"之列，在尔虞我诈、权力倾轧的官场，虽然未得善终，但作为传统知识分子——士子的代表，他们无疑又是成功的，实现了人生的"三不朽"：既有不畏权贵的"立德"，更有治水有成的"立功"，还有传诸后世的"立言"——《河防述要》。

识人：用其长、容其短

放眼历史长河，康熙都是可以对标"秦皇汉武、唐宗宋祖"的"千古一帝"。其"擒鳌拜、平三藩、收台湾"的历史功绩，至今仍为人所称颂。剧中罗晋饰演的康熙，与焦晃、陈道明两位老戏骨扮演的康熙，仍有不小的差距，但这不妨碍我们理解康熙作为一代明君圣主的胸怀与气度。作为一代明君，康熙深谙用人、驭人、容人之道。虽有生杀予夺之权，却并非可以随心所欲、任意胡为。作为统治者的代表，要维系统治集团内部的稳定，他深知"小不忍则乱大谋""水至清则无鱼"的道理，更善用制衡之术，既要处理好索额图、明珠等权臣党争，也要善待郭琇（山东即墨人、康熙九年进士、原吴江县令）这样的御史言官，更要处理好满汉大臣之间、不同利益群体之间的平衡。康熙在位61年，作为封建帝王，虽无"任期年限"的顾虑，但"水可载舟，亦可覆舟"的道理必定是懂得的。治盛世需用能臣干吏，更要能用其长、容其短，如果没有足够的智慧和肚量，康熙朝也出不了于成龙、靳辅、郭琇这样的名臣、能臣和诤臣。剧中作为"高级官员"的靳辅，也深谙识人、用人之道，他与"专业干部"陈潢相遇相知、赤诚相待，对其极力举荐、包容袒护，都体现了一个领导者的博大胸怀和不凡气度。

识时务：执着与妥协

剧中黄志忠饰演的靳辅，可谓"识时务"的"好干部"代表。他由安徽巡抚这种相对安逸的地方大员，转任河道总督——专业性更强的"条线领导"，能迅速进入新角色，"干一行、爱一行"，毫无违和感，凭借的是他执着热忱的工作态度和与生俱来的责任感、使命感。

执行好上级的指令，处理好复杂的官场人际关系，同时为下属营造良好的干事创业环境，不居功、不诿过，是这类官员身上的优秀品质。正是靳辅为陈潢这样的专业干部提供了绝佳的职场氛围、创业土壤。

更难能可贵的是，当遭遇不公（戴枷上堤）、挫折（儿子被发配边疆），他仍能做到不怨不艾、无怨无悔，一心扑到工作上，并且还有"功成不必在我"的勇气和决心。这样的品质既让人钦佩，又让人动容。

自古以来，想做事的官员很多，但做成事的却不多。有一个知人善任的好"老板"固然重要，而当事者本人的务实、踏实，特别是"识时务"也是关键所在。这类官员，知道什么时候该执着坚守，什么时候该妥协退让。

"人民就是江山，江山就是人民。"历史除了由史官记载，更是由人民书写的，时间是最好的证明。只有把事业写在山河大地上，才是最了不起的功业。

治水之要，"导""引"比"防""堵"更重要。治水如此，治国、安民更当若此。

2022 年 11 月 29 日

事而功成者，谓之德
——苏州市吴江区七都镇党委书记查旭东访谈录

《国学周刊》记者　李凡

能力有大小，善心无大小

李凡：查书记，首先感谢您邀请我参加了苏州市吴江区七都镇在2013年和2014年9月举办的两届太湖国学讲坛。在每届讲坛的开幕式上您都提到七都镇的文化核心理念：精致小镇，从容七都。能否先请您诠释一下"小乡镇办大文化"的由来？

查旭东：七都地处吴文化的发源地。说到吴文化，当然就离不开吴泰伯了。而吴泰伯，很重要的一点就是他的谦让、礼让。所以这一带的民风也好，教育也好，孝文化的底蕴和根基是很深厚的。

其实很多年来大家都在问一个问题，就是：像南怀瑾这样的鸿儒大德，为什么会选择落户在太湖之滨，在七都（庙港）这么一个小镇上住下来？他也是把这边当作了他的归属地了。浙江是他的出生地，他一辈子走过了境内外很多地方，但我感觉他在那些地方，更多的时候是一个过客，用他自己的话说，他是"挂单"的。但他到了七都后，第一个感觉就是：我要在这里住下来。这个住就不是停留，而是在这个地方盖房子、办学校，把它作为自己的归属地。

我想，南老师选择这个地方一定有他的道理。这个道理跟我们的吴文化应该是相关的。以他的学养之深厚，肯定有这方面的考虑。

现在大师已去，我们做什么？这是摆在我们面前的问题。就我个人来说，作为一个曾经和南师结缘、交往颇多的地方官员，我也在思考，我们应该做些什么，可以做些什么？即便是在南老师生前，我也一直在考虑，就有这个想法。2010年8月，我刚到七都工作，当时的想法就是能否请南老师来做一个开讲嘉宾，因为他平时也在上大课。我想以他的感召力来扛这一面大旗，事情可能会更容易、更顺畅些。

当然后来我也了解到，可能南老师不一定接受，因为他不愿受到这样或那样的约束。后来这件事情也没有正式地提起。当然我也曾经问问南老师，能否帮我们安排一些讲课活动内容，后来他也做了，包括给长三角这一块的妇女上了《女性的修养》这样的大课，这也是他临终之前的最后几场大课。

老先生走了以后，我们就在思考，如果我们只是为了纪念而纪念，搞一个纪念活动，大家发表一些追思感言，我觉得可能还是比较粗浅的，层次还是比较低的。

李凡：是要考虑接下南老师传播国学的这根接力棒吗？

查旭东：接力棒谈不上，我们也不够格来接这个棒。我觉得我们可以把纪念的内容做得更有价值一点，更充实一点，不是为了纪念而纪念，而是去做一些南师希望看到的，并且具有持续做下去的可能的事。他一向认为每个人能力有大小，不论做多做少，只要尽力而为就有价值。

老太庙文化广场初建时，发动大家来募捐，他就跟我提出一个观点：捐一百万、五百万是一个功德；捐一块钱、五块钱也是一个功德。能力有大小，但是善心不分大小。依他这个观点，我在想，我们没有南老师这样深厚的国学修养，那我们是不是在这个地方就无能为力了？其实我们是可以做一些事情的。这些事情就是我们怎么样依托自身的一些优势，利用好我们的一些资源。对于七都来说，最大的资源可能就是南老师留下的资源，他学问的资源、学术的资源，还有他的学生的资源。我觉得他的这些资源都是可以为我们这个讲坛借鉴和使用的。当然大家都有共同的心愿，团结在一面旗帜之下，这面最好的旗帜就是南老师的学问、道德和思想。

基于这几方面的考虑，所以大家走到一起来。每年到了这个季节，我们发出邀请，方方面面都会给予积极的响应，抱着一种踊跃参与的态度，从四面八方汇聚到我们这个地方来。这里面我们可能更多的是依托了南老师的影响力。到了这个季节，到了老师冥诞的这个时辰，都希望回到这个地方来，表达一份哀思。同时也希望能够共襄盛举，为我们的国学传承做一些事情。我们邀请的主讲嘉宾也好，活动的组织者、参与者也好，大家都是把它当作一份责任，把它作为自己分内的事情，而不是觉得我是你请的客人，是来给你捧场的。大家都是主人。

实际上包括南老师的学生和子女，到这里的感觉就是回家的感觉。我也希望把它变成一个国学大家庭，希望"太湖国学"能够成为各位同好的一个共同的目的地。这样呢，我们做这件事情就有了基础。在此基础上也必不可少地需要一些硬件的平台及一些软件服务上的配套。这方面我们政府责无旁贷。但是我们也不会仅仅停留在靠政府来搭台，这个讲坛要持续地开展，更多还要依托各个主体，也不排斥市场主体的参与。

当然在目前这个阶段，我们的整个活动还是一个公益的事业。但是我们政府希望做一些文化产业的推进，一些文化事业和民生工程，其实都可以有序、有效地纳入到跟整个弘扬国学相关的一些活动当中，成为一个组成部分。像我们发展旅游服务业，发展我们的文化创意、养生养老产业。这些产业表面上看，都是以市场为导向的，但实际上，在它的精神内核上，我们希望找到一个共同点，就是在太湖边、在七都、在我们23公里的岸线上，我们承载的都是与国学、与传统文化相关的一些内容。

所以包括我们的酒店业、餐饮业、旅游服务业，这些产业我希望既有各自的个性，大家又一定会有一张共同的名片，那就是我们的"太湖国学"，这个是我们坚持不懈，一直在努力做的事情。可能它的效应并不能一下子迅速地显现出来，但是假以时日，大家会慢慢看到，我们会形成一个以国学为支撑的文化产业链条，而这个文化又不是曲高和寡、高高在上的，不是只有庙堂的声音，没有大众的回应的。我们是希望能够让专家和乡民同处一室，教授说的话也是老百姓听得懂的话，能够让我们传统文化的精髓接地气。

这跟南老师所弘扬、讲述、传承的经典也是吻合的。

他为什么要把一些儒释道的经典、文章用一些通俗易懂的语言来讲述？实际上他在做一个搬运工的工作。就是说，使过去的那些文化的精髓，让我们现在的人，特别是没有受过良好教育的人，能够听得懂，能够接受得了。这个工作是永远没有休止的。

南老师走了以后，当然我们可以继续读他的书，但是他一个人的力量毕竟是有限的，我们更多的人，我们每一个人，都可以去发挥各自的作用，让星星之火，能够燎原。再加上我们目前一个大环境，从中央高层到各级地方，都在重视传统文化的复兴。所以我觉得我们借好势、扛好旗，最终是能够创造一个生动的局面的。

七都小镇是小，但我觉得这个小不代表我们弱小。因为小，我们希望能够把它做得精致一些。这也是我们的定位：精致小镇。我们在这片100多平方公里的土地上，以近10万人口，能够把它做得很精致，很有特色，这就是我们现阶段探索的。社会主义新农村也好，新型城镇化也好，到底做什么？怎么做？当然每个地方不可能千篇一律，要寻找各自的特色，各自的个性定位。

那么我们的个性定位在哪里？因为处在沿海发达地区、苏南经济板块当中，首先我们有一定的物质条件，可以把我们的小镇从硬件上做得精致一些；同时我们又有这个文化底蕴的支撑，有一些大家的足迹给我们提供的一些资源。能否把文化、国学变成地方的一个性格，变成我们地方的一个文化符号？就是说，我不但有骨架，而且有血脉，这个血脉里流淌的可能就是我们的大度从容的国学素养。这两个定位，我觉得我们既有了硬件的精致，又有了软件的从容。要使这两个定位，在我们100多平方公里的土地上，融入10万老百姓的生产生活中，让大家能够身体力行，我们也在做一个积极的尝试。就是说，我们也在做南老师所倡导的"一亩试验田"。把我们这个"一亩试验田"做好了，我觉得从某种意义上来讲，它也是一种示范。告诉大家，新型城镇化可以这么做。不是简单地抄袭，不是简单地仿造某个欧美的小镇，不是去复制人家。精神的东西，内核的东西你是永远复制不了的。你只有寻找挖掘你自身的富有生命力的、内在的特质，这样的乡村、乡镇才是走得久远的。我们做国学讲坛也好，开展老太庙的系列活动也好，实际上都是形式与内容相结合，把两者有效地嫁接在一起。把政府作为一个组织者，作为一个推手，调动、发挥好市场、社会各个方面的资源和力量，最终共襄盛举，把这个功在当代、利在千秋的事情做好。

与其坐而论道，不如起而行之

李凡：您怎么评价这两届论坛？这两次活动的效果您满意吗？

查旭东：七都举办的这两届"太湖国学讲坛"活动，如果说去年我们解决了一个有没有的问题，那么今年我们就要思考怎么走得远的问题。

去年因为南老师刚刚走了，大家还没有完全从这种悲痛中走出来，自然而然地，在那种情况下，大家所能想到的就是用一种更直接的方式来进行。但当时我们已经意识到，要把这件事情做成不只是简单的一个纪念活动，要在纪念的基础上让它承载一些具有使命感的东西。

当时我们的考虑就是要打造一个属于七都的文化品牌，这个品牌就是"太湖国学"的品牌，然后设立一个主题。南老师经常说起一副对联："佛为心，道为骨，儒为表，大度看世界；技在身，能在手，思在脑，从容过生活"，从中我们选取了两句话："大度看世界，从容过生活"，作为首届太湖国学讲坛的主题。我觉得这个活动从构思、发起、筹备，到最后承办，取得的效果比我们想象的要好一点。

也就是说，从开始到结束，还是得到了大家的认可。至少没有人对这个活动表示怀疑，认为没必要、多余。大家认为做这件事情是有价值的，有意义的。我认为这是第一位的。至于价值有多少，那可能还需要时间来检验。

一年过去了，到了今天，也可以说，实际上到了对这个价值进行检验评估的时候。这个价值怎么来体现？

从我们筹办第二届国学讲坛以来，在各方面都得到了主动的、积极的回应。举办第一届活动的时候，还需要做一些解释工作和一些宣传推介，我们邀请讲师、邀请嘉宾还需要做一些理念上的诠释沟通。今年这个就已经不是障碍了，大家觉得很荣幸，或是很乐意成为这项活动的参与者。

还有一个很有趣的现象，去年讲坛的听众实际上大部分是由我们组织的。就是说，通过我们政府的各个相关部门，或者我们的一些社团组织，发动了一些企业家团体、妇女团体等，组织他们来听讲。

但是今年，这个情况就反过来了。从我们发布活动举办时间和主题内容之后，就有很多团体和个人来询问：这个活动我可不可以参加？在哪个地方举办啊？大家就变得主动来关心这件事情，所以今年我们对听众就采取发放入场券的形式，当然目前仍是免费的。

从之前担心没人来听，到现在我们要控制现场的人数，我觉得这本身就是一个进步的体现。此外，首届国学讲坛的成果还有一个体现，就是我们把去年的讲座内容汇编成册，集成一本书，就是太湖国学讲坛书系之《明月依旧》。

汇编的目的有两个：一是把讲坛成果的效应放大。不是说去年的活动结束了，就没有了。而是用文字的形式把它固定下来，让它传播开去。第二个目的就是要把它做成一个可传播、让大家有购买欲和阅读欲的一个产品。它是能够自己推向市场、走向市场的，而不是靠我们政府来补助，让政府来购买这个产品。让我感到很欣喜的一点，就是这本书出来之后，陆陆续续有很多人来跟我们索取，或者跟我们打听，到哪里去买，在哪个书店能够买到。这说明什么？说明这本书推出之后，受到了欢迎。说明了我们的活动，包括我们的首届太湖国学讲坛得到了各方的认可。这些给我们举办第二届的活动提供了支撑和信心。

李凡：这两届活动有何共同点和不同点？有哪些不足之处？

查旭东：首先，我觉得两个活动还是保持了一个继承性、延续性的。

在这个基础上，最大的区别，如果说去年我们对主题的考虑还欠深入的话，今年我们从一开始就考虑得多一点。我们希望每年确定一个不同的主题，在主题的选定上切入点不宜太大。不要把它的范围设计得过宽,我们希望每一届讲坛都是一个专题的讲座,这样能够形成比较有深度的开挖,也避免每一次讲坛内容的雷同和重复,可以逐步地有序地来推。

当然从顺序上也可以学习借鉴南老师的一些文章和观点。南老师讲课的顺序可能是随机的,他会根据讲课对象的不同、内容的不同而有所调整、侧重。而他对于书目出版的次序则极为看重,认为次序上颠倒了,会给我们的读者带来一些不必要的困扰和负面的影响。所以他会给学生和家长开书单,开列书单的目的其实不仅仅是解决读什么书的问题,更主要的是要解决读书的顺序。就是有的读物你读的次序不能把它颠倒了。你要先把一些普遍性、基础性的东西学扎实了,然后再去涉及、去阅读、理解一些比较艰深、需要一定鉴别力的东西。

那么以后我们举办讲坛也要遵循这个原则。我们打算每年至少举办一次讲坛,当然这个时间节点也不是一成不变的。现阶段我们是结合了南老师的逝世周年纪念,以后随着太湖大讲堂的落成,希望这个大讲堂就是我们"太湖国学讲坛"的一个永久的场所,成为类似于海南博鳌这样的论坛,是一个永久性的会场。讲坛的内容,既可以是国学的,又可以是我们各个嘉宾的一些系列的声音,都可以在这里面呈现。

比如老太庙,为什么我们要请成都文殊院的宗性法师做嘉宾,请他成为这个老太庙的兼职住持?除了他与南老师的特殊渊源,还因为他也给了老太庙一个定位——老太庙不单是一个普通信众供奉的寺庙,而且是一个能够弘扬佛法、传播经典的文化场所。以后他会经常在这里传经弘道。当然也可以邀请一些出家的、在家的道友、学者来讲课。

这样慢慢地也就会解决我最大的一个困扰,就是你前面问我的:碰到了哪些困难?遇到了哪些难题?其实政府扛这面旗只能是带一个头。我们还是希望能够慢慢地把它交给有理想、有愿望,同时有能力又有实力来做的个人、团体或组织。

就是说,我们慢慢地要把这个国学讲坛活动交给一个独立的第三方去承办。这样可以解决一个问题,就是这个活动能够不因我们地方领导的更迭而改变,也不因我们的注意力和工作重点的转移而产生偏差,就能够保证这个活动的主体有活力、有生命力地存续下去,使我们这个大讲堂连续地办下去。甚至以后可以变成一个实实在在的、类似一个培训机构一样的平台,而不是一个阶段性的存在。

政府只能领个头,做一个示范。更好的示范当然是南老师的太湖大学堂,他创办了太湖大学堂,本身就是一个示范。怎么来弘扬传统文化?可能还是需要有平台、有载体、有内容,还要有人去做。这几个方面都是缺一不可的。

作为七都的一个地方领导,毕竟它不是我工作的全部,不可能占去我太多的精力,我也只能在每年抽出一定时间,在这个时间段内可能投入的精力多一些。目前可能它还需要一个过渡,还需要我们政府坚持一段时间来做。总的来说,我觉得做这个事情，对地方、对老百姓，包括对弘扬我们国家现在所倡导的核心价值观，都是有好处的。

与其坐而论道，不如起而行之。这也是我们搞这个活动的一个初衷。

我跟南老师交往，最大的一个感受就是：说一千、道一万，不如你实实在在干一件。这也是南老师当时办太湖大学堂、办太湖国际实验学校的目的。他说，我说了那么多，跟你们讲了那么多，你们都不去做。他实在忍不住，就不惜在耄耋之年身体力行。他做的好多事，像修金温铁路也好，推广经典诵读也好，都是在他七八十岁时做的。后来在他九十多岁高龄的时候还在亲力亲为，自己指导和做一些事情，对于我们很多人来说，我觉得是要深刻反省自己的。

今天上午为什么我要在活动现场推崇、赞扬刘雨虹老师？其实我还有一句潜台词没说：我们很多人可能只是停留在当评论家、演说家、指挥家的角色，但是就没有认真想过自己要不要去当一个实践者。就是南老师解释《论语》"学而时习之"的这个"习"，不是温习而是要实习、实践的。你要点评一件事情是很容易的，做事情就很难。你认为找一个自以为正确的角度，就可以对一件事、一个人指手画脚、说三道四。你有没有想过，一个人在做一件事情前，从起心动念、一砖一瓦，其实都有一份心力在里面。

南老师经常讲，什么叫功德？"事而功成者，谓之德。"做事有贡献有成果的都谓之功,有效果的累积谓之德,无功不叫德。你做事情,不但要做,而且要把它做成功了。我们有些人是有念头、有想法,但是不去做;有些人虎头蛇尾,虽然做了,但是半途而废,做了一半扔掉了,那也称不上功德。所以怎么样把这份事业、功德做好才是关键。

如果大家都这样想,就能真正聚沙成塔。所以事情不在大小,不在多少,只要每个人都能够做,就可以把事情做好。那么我想如果我们七都这样,我们吴江如此,我们不同的区域,大家都这样,结果就会大不相同。

我们先不讲功德,就讲我们中华民族的伟大复兴。中华民族的复兴,经济复兴我觉得一点问题也没有。可能我们现在最大的难题就是文化的复兴。我认为,就目前来说,这个还是滞后于我们的经济和物质发展的。总书记和中央高层对孔子、对传统文化这么重视,我想可能也是意识到这一点的。我们做好自己的事情,在某种意义上也就是支持了大家的,支持了国家的。还是埋头干事更重要。

时不我待,要实实在在地做事情

李凡: 我参与了这两届活动,注意到每一次老师的讲座您自始至终都是参与的。数天来我也接触到镇里的其他几位干部,他们评价您有眼光,境界不是一般人都有的。作为一个地方官员,您的眼光和境界是怎么炼成的?这和您个人的成长有没有关系？

查旭东：肯定有关系。你想，给了你平台，给了你这个舞台，你浑浑噩噩，做一天和尚撞一天钟，也很容易度过。如果我在这个任上混日子，可能一晃也就过去了。但是时间对于每个人都是短暂的。我喜欢说一句话，叫"有效的政治生命"。你要有这么一种时不我待的紧迫感。南老师在86岁的时候，还要考虑建学堂，92岁的时候还要考虑办小学，他就是着急啊，时间对他来说确实是不够用的。怎么让我们有限的生命发挥出最大的价值？这也是我时时在考虑的。

南老师还经常讲，什么叫事业？按照传统的解释，"举而措之于天下之民"，这个叫事业。也就是说，做任何事情，你要利己、利人、利天下。当然我们也谈不上天下，但是作为执政一方的父母官，我觉得有这个责任，实际上你不做，就浪费了很多给予你的资源。上级也好，群众也好，交给了你一个舞台，一片空间，你没有在你的任上实实在在做一些事情，其实你就对不起你占据的这份资源。我觉得人确确实实要有一份感恩，一份敬畏。人在做，天在看，你做了好事还是坏事，大家是看得到的。

按照佛家的说法，你今天所做，跟你前世、今生和来世都有关系。当然我们共产党人不相信这些，不推崇这些，但是这不代表我们不应该这样去做。比如说，要有敬畏的心理。我们为什么要反复强调反对奢靡之风、官僚主义？因为如果你不抱敬畏心理，最终你认为不需要敬畏的对象会把你推翻，赶你下台。鱼水关系实际上任何时候都是不能淡忘的。

自古理政也好，我们现在强调的现代执政体系也好，这里面最核心的，说到底的，离不开的，还是儒家的一些传统思想。很多时候你会发现，解释当代的事，说服现代的人，老祖宗的话拿来一句就顶你一万句。

所以为什么南老师经常会说一句话，叫述而不著。他觉得我们现在写的文章水平有限。他说你们写个博士论文，胆子太大了，动不动洋洋洒洒多少万字，你们写的话加起来一箩筐，老祖宗可能一句话全概括了，甚至比你总结的更精要，更到位。今天我们从传统文化当中去汲取养分，为我所用，对于我们当今的管理也好，我们的执政行为也好，会产生实实在在的帮助，我觉得这是有意义的。

作为我个人来说，我也希望通过跟这些专家、学者近距离的交往，从他们身上吸收对我的事业、对我的工作有益的养分，所以不存在我听他们的课是我给他们面子，而是他们给了我营养，给了我养分。我觉得，通过跟他们的交往、交流，能够促进我、帮助我更好地履行我的职责。

同时这又是相生相长的。我也希望我的作为本身也能给我们的专家、学者提供素材，也能给他们提供养分，这也是为什么我们要跟南京大学合作搞群学书院，为什么一些专家学者愿意到我们这个地方来，设立文化的机构、办文化的事业。他们觉得，可以在这个地方找到文化的基因、文化的养分。这个时候，两者之间其实已经是相生相长了，最终就能达到枝繁叶茂的效果。一旦它成林成片的时候，哪一个单方面想要去扭转它、想要去改变它都是非常困难的。可能今天我们看到的还只是一棵小苗，还需要我们去浇水、施肥。一旦它长大了，成林了，那个时候更多的人就可以受到它的荫庇，可能那个时候大家都是受益者。

南老师说，他要接续文化的断层，他要把我们这一百年断掉的中华文化接上去。我们没有他那么大的气魄。但是我们是否也应该做一些事情？我们做些添砖加瓦的工作，给后人留一些东西，这样至少不留遗憾。对于我来说，就是要不留遗憾。不敢说为官一任，造福一方，至少为官一任，不要遗憾一方。不要走了以后，留下一个骂名。

所以我做事情给大家一个感觉，就是比较急迫，也会造成一些误解。我希望能够尽快把一些事情做成。当然，我也知道，很多事情着急是没有用的。但是总得有人去做，有的时候时间也不等人。今天我不做，也许人家会做。我们这个地方不做，其他地方在做。所以我希望我们还是要有一种紧迫感，有一些事情要尽我们所能做在前面。

李凡： 看得出来，您是一个有文化抱负的官员。您这么着急要做成一些事情，也算是一份功德。

查旭东：谈不上有文化抱负，我现在主要是怕南老师来找我。我不做事，他要来催我了。

李凡：我听说您跟南老师的私交非常好，有很多比您级别高的官员来找他，他都拒而不见，但是每次您去找他，他都要和您见面，这是为什么？

查旭东：我想这不仅仅是对我个人的认同。有一次我开玩笑说，我跟他的一个最大的相同点，就是大家都是想做事的人。当然我的事业跟他的事业不可相提并论、同日而语。但是相同的一点，大家觉得就是要实实在在地做事情。我觉得这个可能是最重要的。

还有一个，可能也跟每一个人的经历有关，南老师之所以能成为大家，其实也跟他的经历是相关的。这个在朱清时校长的访谈中也谈过。我们百岁的老人、百岁的学者也不缺。但是只有南怀瑾老师在他的百年当中，没有荒废时日，在每个重大历史转折点，他又是亲身经历者。他个人的履历，决定了他有他的阅历，有他的眼界，有他的独到的眼光。他从来不把自己归类为一个学者，他从来不用考据的方式去得出一个观点，找一大堆理论依据，找一大堆经典来支撑。他不是这样的。其实他最大的人生的支撑点是他人生的阅历和他丰富的经历。他讲课的很多东西都是信手拈来的，很多时候他都会讲到他人生当中的某一段经历，这些东西已经内化为自身的东西，是从心灵深处流出来的东西。

学问要做到这个地步是不容易的。我说我跟他有点像,这个像就是一点皮毛。我也经历了很多个岗位的轮替,也许这方面有点相似。所以有一次吃饭时我就跟他开玩笑,我说,南老师,我也经历了五六个岗位的变化。其实人生每经历一个岗位,就是给你一个转折的机会,当然这里面还有一个,就是你个人要有心。在不同岗位当中,要理解和感悟一些东西。同样一件事情,有的人做了一辈子,得不到什么触动。有的人重复做了两三次,马上就意识到,这里面其实是有规律可循的,是可以通过总结来提高和改善的。这就是人与人的差别,有的时候也就是有心与无心的差别。

国学是一个接地气的学问

李凡:您怎么看待今天的国学热?对于现阶段各地风起云涌的国学培训您有什么高见?

查旭东:说到底国学还是一个接地气的学问,千万不能把它变成"高大上",或者一些所谓高层人士、成功人士,功成名就,或者赚了钱了,想要找一个心灵的寄托,或者想到要皈依佛祖了,才想到要寻找传统文化的慰藉了,把它看成一个寄托。

国学不仅仅是一个寄托,它更多的是一个日常的教化,行为的规范。这也是为什么每一年活动我们都要跟七都当地的孝贤表彰结合来做。就是要举办这样一种让身边人讲给身边人听，类似于我们的百姓讲坛的活动。

我们请专家学者来，也是反复跟他们强调，一定要精简，要接地气，经典少引用一点没关系，但是一定要用一些非常浅显的、直白的语言和一些事例让你的听众觉得感同身受，觉得国学就在我们身边。

国学不是深奥的学问，每个人都可以是一个实践者，一个参与者。这也是南怀瑾老师一贯倡导的。他就是认为，不要以为你是大学教授你就高人一等。村里的一个老头，他的行为方式，他的做事方式，符合传统文化的规范，那他就是一个传统文化的代表，而你读了很多书，不一定就是代表了传统文化。这可能是我们现阶段好多国学中心、国学研究院、国学研习机构，包括我们的大学办的很多国学培训班需要面对的问题。

我们跟南京大学合作，为什么我要让它把群学书院办到七都来？如果你仅仅是在大学校园里面办一个书院，组织一些学生定期出来采风，到农民家里去住两天，当然这也是一种方式，但是你解决不了接地气的根本问题。你要真正地扎根在这里。为什么费孝通先生能够在这里写出《江村经济》？他是在这个地方生活了一段时间的，挨家挨户和当地人接触，这样才写出了他的感悟，真正地得出他的结论。

现在好多时候，我们的专家也好、教授也好，写论文写文章就是先有了观点，然后再找素材，找自己需要的一些论据，实际上这些东西是脱离了实际的,脱离了老百姓的一些真实的想法的。怎么样把我们的草根优势跟我们的学院派结合好?这个其实是有探索意义的。

我发现,南老师在讲课当中,很注意几个群体:第一是妇女群体,他觉得每个家庭,母教是第一位的。第二是官员群体,他觉得这些人身上每个人都有教化子民的职责。小到一个地方官,大到省部级、中央级官员,他们可以把学到的东西结合到他们的施政行为当中的。第三个群体是企业家群体,一个企业就是一个小社会,小的企业几百号人,大的企业几万人,那么这些人可以通过一个社团、一个企业的文化的营造来改变一些人,改变他们的生活习惯、生产习惯,进而改变他的家庭。

南老师觉得要通过这三类人,把他的一些观点、一些为人处世的方式、一些生活的方式传播开去。恰恰他注意得比较少的一类人,就是专家学者这一类人。当然他也会到大学去上课,但是在他的晚年,据我观察,这个倒不是他讲课的主要对象。也许是他觉得,我们这个时代,现在更迫切的是要有人去做。当然说是重要的,但是说了之后谁去做,这个更重要。

所以他要解决一个执行的问题,也就是我们现在讲的执行力的问题。谁来实施?大家都知道优秀传统文化是好的,是重要的,那么谁来做?不能搞了半天,知道孔子的都是老外,我们华人的后代倒不懂,不知道孔子是干什么的,是说什么的,那这个就有问题了。所以传统文化这一块他是抱着抢救的心态来对待的。他认为这个事情很着急，等不及。为什么当时我们提出来很多事情，他要支持？他支持的不是让你们搞一个活动，创一个品牌，这个不是他所感兴趣的。他所感兴趣的是你能不能做一点实实在在的事情，哪怕你受益的人群是一百号人、一千号人，他觉得你只要去影响一群人，小到一个家庭，大到一个单位、一个地方，可能这个意义价值就体现出来了。

我对于跟大专院校和科研机构的合作一直都抱持一种慎重的态度。因为他们往往有一套固定的模式，我怕被带着走，最后把我们自己的一些核心理念给淹没了。除了平台是要面向大众的，重点是内容方面，如果你讲的还是一些文绉绉的话，老百姓听不懂。

南老师讲课，很直白，像有一句话："英雄解救了天下，没解救自己；圣人解救了自己，没解救天下。"这句话一说，大家就把英雄和圣人的区别搞清楚了。他老人家就是如此，用一些浅显易懂的话来传递出正能量。

李凡： 接着南老师的正能量，我们在普及上多做一些事情，学术上，当然是另外一个圈子。我们也去用力，但不是重点？

查旭东： 是。我觉得我们可能更多的是去做传播。而且前面要加两个字，叫有效传播。所以我想，打造"太湖国学"品牌，特点在哪里？我就想树立一个特点，就是不受体制约束。虽然我也是体制内的人，但是我想要打破这一点。所以你看某些论坛，一年一次或者两年一次，搞得很隆重，规格很高，但是回过头来问，到底留下了什么呢？没人知道它的成果是什么。也就是说，很多时候，可能我们官方组织的活动，搞到最后更看重的是个形式，是个过程，却把最重要的内容给忽略了。反倒是像南老师这样民间的力量，在身体力行，在锲而不舍地努力。而且他是用了七十年的人生在做这件事情。

到底应该做什么？

我有时会和一些领导、同事开玩笑说，我们的一些官员退下来之后，想的是能不能保留待遇，办公室不要搬啊，车子、秘书继续配啊。我说你看人家南老师，九十多岁了，他不是考虑我要争取什么待遇，他是考虑我能不能再做点什么事情。这就是境界的不同！推孔子是对的。"我们大中华"，这是习总书记会见台湾代表团时说的话。最后一定是在文化上找契合点。社会主义核心价值观的源泉一定是优秀传统文化。这个话一讲，他也没有限制在里面，就看你有没有找准，把它找出来。可以从中提炼属于我们全体华人的共同的文化观、价值观，成为中华民族共同的遵循和坚守。既适用于当代，又是延续了传统的，站在一个延续的概念上，两者并不是矛盾的。

第四篇

家国春秋

百岁老人的长寿"秘诀"

俗话说:"家有一老,胜似一宝。"随着人们生活水平和医疗水平的极大提升,国人的平均寿命达到了 80 岁上下。一个不容置疑的现象是,大家身边的长寿老人越来越多了,"人生百岁"也不再"稀奇"。如果说人均寿命的提升有赖于物质条件和医疗条件的改善,而百岁老人的增加,则更多是个人健康的人生态度、良好的生活习惯使然。走近这些百岁老人,你会有一些有趣的发现,也称得上他们的长寿"秘诀"。

今年的重阳节前夕(10 月 21 日),笔者有幸与吴江本地的徐汉武老人(105 岁)近距离交谈、交流,发现他的一些生活小常识和独特习惯,也许恰恰是他的长寿"秘诀"所在。

多活动

105 岁的徐老,至今仍四肢康健、身体敏捷,他每日坚持出门溜达一趟,或步行、或坐公交,风雨无阻、寒暑不易。百岁老人刘雨虹先生也说:要想"活",就得"动",这充分说明老年人"动"的重要性。当然,这个"动"不是剧烈的体育运动,而是保持适当的运动量,以此活动身体的各个关节、器官。

勤用脑

与"动"相对的是"静"。常有人用"千年的乌龟"来形容"静养"的道理。其实,外在的"静",并不代表内在也"不动","勤用脑"也是一种"动",并且可能是更重要的运动。

在与徐老的闲聊中得知,老人早年供职于本地商业系统,虽然只是一名普通职工,但也属于当年的"知识分子"了。毕竟,在他这个年龄段,想做好一个"账房先生",没有一定文化、不会珠算记账也是难以胜任的。这也让徐老养成了遇事爱琢磨、凡事勤用脑的好习惯。

有爱好

初到徐汉武老人家中坐定,大家争着和徐老合影,要沾沾百岁老人的"仙气"。不料徐老却示意要换个位置、角度,因为我们站的地方背对着窗户,正好背光。原来徐老爱好摄影,对光影处理自然懂得。另外,老人家还喜欢琢磨插花,拾掇一些花草,屋内的鲜花也透着生机与活力。身处其间,很难想象这是一个105岁老人的独居之所(儿孙并不同住,只轮流来照看)。

善饮食

负责照看老人饮食起居的阿姨告诉我们,徐老"无肉不欢"，每天必须有一个荤菜才能下饭。这似乎正解释了一个百岁有余的老人，每天还能外出活动的原因。

当然，饮食的荤素、多寡，因人而异，但保证足够的营养，保持良好的习惯，一定是不可少的。

爱干净

相信对大多数年轻人来说，能够坚持每天洗澡已属不易。但105岁的徐汉武老人，却在期颐之年，做到每天早晚各洗一次澡。

可见，一个人爱干净，做好个人内务卫生，保持干净、清爽，不单可以保证一天有个良好的精神状态，也有利于健康长寿！

轻钱财

徐老的家中陈设简单、整洁，看得出家境并不富裕，儿孙也多是普通工薪阶层。老人自己的退休工资，加上政府给予高龄老人的特殊补助，每月也不过几千元的收入。

即使如此，徐老并不像一般老人那样"抠"，他坚持自己花钱雇用阿姨、支付日常，并不多花小辈的钱。

钱财身外物，不为物欲所困，既是一种生活态度，也是一种难得的品质。对年轻人如此，对老年人也是一样。作为百岁老人，能做到如此豁达、通透，不失为另一种养生之道。

也许有人会说：这几条，我都可以做到。但难的是，这些习惯的养成不是一朝一夕的，也不是偶尔为之，而是需要长久坚持的。如果等到了徐老这个年龄，还能做到，那就证明你成功了。

2020 年 12 月 2 日

"人道"与"兽道"

新冠肺炎疫情之下,短短数月间,东西方形势发生了惊天逆转。由此,也引发了关于东西方文化、人性、价值观差异的争辩。虽说文明没有高低贵贱之分,但区别却是显而易见的。

南怀瑾先生在讲解《列子》时说:达尔文的《进化论》,弱肉强食理论,就是《列子》的这句话,"胜者为制,是禽兽也"。以强凌弱,就算成功,也不是人类文化,那是禽兽的文化。

中国自古以来的传统文化,贯穿的是"仁"的思想,强调的是扶助弱小,仁爱慈悲。区别于自然界的"物竞天择,适者生存"。这是人文文化与禽兽文化根本不同的地方。

西方社会虽然有"自由、平等、博爱"的思想,但在对待异族、异己时,往往以"征服者""掠夺者"的姿态出现,以强权当公理,以兽道代替人道。

纵观人类历史,只有中国人早已做到了"人类大同"的理念,即以"王道治天下"。中华民族从来不肯侵略他人,只有"忍辱谦让",即便对于外族入侵欺凌,也能以文化的力量,浸润感化而使之融归于一体的"人道"之中。我们今天所讲的"人类命运共同体",应该也是一脉相承于此。

反观今日以美国为代表的西方某些政客、"精英"、媒体，在霸权、利益、话语权等遭遇挑战时，其"征服、残杀"的"兽道"本能展露无遗，"人权卫士""平等、博爱"的"遮羞布"早已抛诸脑后。对自己缔造的规则尚可以"合则用，不合则弃"，遑论其他。

以"人道"对"兽道"，完全在两个不同的"频道"上，讲道理是没有用的，无异于"对牛弹琴"。有人说"永远叫不醒一个装睡的人"，如果它原本只是"兽"，又何必多此一举！对付"禽兽"，最好的办法只能是"鞭子"、"夹子"和"笼子"：让它"痛"，可以长记性；让它"难受"，可以守规矩。

我们应该做的，既要不断地强大自己、推己及人，也要及时地调整方法、策略，不能一味地隐忍、退让，更不应该迁就、纵容。与小人论君子，无异于对"禽兽"讲人道，本身就是不"人道"的。切不可学"农夫"，去喂养那条咬人的"毒蛇"。

毕竟，我们历史上遭遇的"兽道"文化远不止一次两次，而唯有华夏文明能够留传至今，一定是有其道理的。

"正邪不两立"，"邪不胜正"。这是天道，也是历史规律！

2020 年 4 月 5 日

天心·人心·初心

2020年（农历庚子年）的这个春天，注定被一场叫"新冠病毒肺炎"的疫情给定格了。瘟疫论、阴谋论，一时充斥了国人的眼球。当人们找不到合适的理由时，归源于不可测的"天灾"或不可说的"阴谋"，便成了理想的选择。

而我们的国民，注定又是健忘的，当疫情退去，一切又会恢复往常。除了那些直接经受了这场苦难的人，更多人只是看客、过客，仿佛什么都没有发生过，直至下一场灾难的来临……

南怀瑾先生说："莫道庚子多祸事，触动天心是人心。"又说："人如无贪，天下太平；人如无嗔，天下安宁。愿天常生好人，愿人常做好事。"在大自然面前，人类是渺小的、脆弱的，甚至是无助的，但很多时候却并非是无辜的。

天心是人心

古代先贤说"人心即天心"，所谓"天视自我民视，天听自我民听"。当然，这个"人心"绝不是个别人的"贪心"和"野心"，而应是属于全人类的"正心、正信、正念"。

历代帝王自诩"天子",代天巡狩、安邦牧民,于是"朕心"即"天心"。开明的君主,也会以顺"民心"来得"天心"。是故,儒家思想历来为治世之良器。

今日社会,伴随经济、物质的高速发展而来的,是人类精神的日益空虚和欲求的永无止境。整个世界犹如一匹脱缰的野马,一路狂奔,却漫无目的。"人心"如此,世风不古,终为"天心"所弃。

人心唤初心

也许,我们真的应该习惯慢下来、静下来,好好思考一下,我们到底是为了什么而出发?

在新时代,中国共产党人向世人昭示了自己的初心和使命,就是"为中国人民谋幸福""为中华民族谋复兴",并以建设"人类命运的共同体"为己任。一个执政党,能够有这样的初心使命,不可谓不恢宏,无疑是正信、正念、正行,是值得推崇并为之奋斗的。

那么,作为普通人的"初心"又该是什么呢?

南怀瑾先生说,人最宝贵的是"四个初心",也即孟子所讲的"人之四端":"恻隐之心,仁之端也;羞恶之心,义之端也;辞让之心,礼之端也;是非之心,智之端也。"(《孟子·公孙丑上》)

可见,人之所以为"人",首先是要有"恻隐、羞恶、辞让、是非"这"四心",才称得上"仁、义、礼、智"这"四端"。如果连"人"都做不了、做不好,又遑论其他。

当灾难来袭,一切貌似偶然,实则蕴含必然。当人们不再敬畏自然,当人们索取无度,当人们漠视弱小,自然法则的惩戒便只是时间的早晚而已。

2020年2月21日

"听"话的道理

宋儒田锡,是北宋著名的谏臣,以敢言直谏著称。他死后,宋真宗称之"直臣也",范仲淹亲撰墓志铭中称其"天下正人也",苏东坡谓其"古之遗直也"!

田锡写过一篇《听箴》:"听贵于微,方谓之聪。无怒抗直,无悦顺从。顺从之言,如簧如绮,闻之勿喜,当酌于理;抗直之言,如锋如铓,勿以为伤,当从其长。未必逆耳皆谓之是;未必顺词皆生于疑。外得所闻,内宜深思,无自忽略,差于毫厘……"

这篇短文说的是当"老板"、做"领导"的,"听"取不同意见时所应有的态度:无论是"抗直之言",还是"顺从之言",作为"听"者,应该"无怒""勿喜",当"酌于理""从其长"。

更为可贵的,人们常说"忠言逆耳",而田锡则认为并非"逆耳"的都是良言,也可能是"无理取闹";好的意见也可以是"顺词",这有点类似于"批评的艺术"。关键还在于"听"者自己的思考和判断:"外得所闻,内宜深思"。

当然,这有一个重要的前提,即身居上位者,首先要愿意听、听得到、听得进。如果充耳不闻、闭目塞听，则一切皆是枉然。所以，开明的"老板"会选择"广开言路""言者无罪"。

在网络时代的今天，人人都可以是"言官""御史"，提批评意见的渠道、方式有很多，但既然是批评意见，多半不会是"顺从之言"。这就需要"听"者有足够的胸襟、气度和勇气。"让人说话，天塌不下来"。

"听贵于微，方谓之聪"。"说"需要智慧，而"听"需要勇气；又或"说"需要勇气，而"听"需要智慧。说话难，听话更难！

2020年3月12日

也说"佛系"

初闻"佛系"这个词,还是有几分诧异和错愕的,毕竟说这话的都不是佛门子弟。据说,"佛系"一词还是从日本传入的,后经网络及新媒体的传播,俨然已成为一种文化现象,意指无欲无求、不悲不喜、云淡风轻而追求内心平和的生活态度。

一时间,"佛系男(女)子""佛系育儿""佛系打工""佛系投资人"等,成为一种时髦用语。扛着"佛"的招牌、选择"佛系"生活,成为某些人顺其自然、随波逐流的一种借口和托词,似乎也情有可原、无可指摘了。

令人不解的是,当"佛系"成为一个明显缺少正能量,并带有一定负面色彩的流行语时,真正过着"佛家"生活,对"佛系"应该最有发言权的佛门子弟,却集体噤声,不屑做任何争辩。难道佛教界也真的"佛系"了?反正"佛"字也非佛家专用,佛家也劝人"不执着于五欲六尘,不执着于财色名食睡"。

但佛家智慧也是宣扬积极向上的正能量的,佛教经典也不乏强调:勇猛精进,发大惭愧心,反观自照;克制贪嗔痴慢疑，合乎仁义礼智信，等等。为何这些却不能成为"佛系"的正解呢？

而之所以公众对"佛系"的理解很自然地偏向于消极、避世、无所作为，应该或多或少也与大家对部分佛家子弟的表现认知有关吧。

笔者无意贬损佛门清誉，但现实中确有一些不和谐的现象存在。比如诸多现代寺庙，建得越来越恢宏气派、富丽堂皇，却离老百姓越来越远；也有一些一掷千金的"富和尚"、企业化管理的"职业和尚"、坑蒙拐骗的"假和尚"，真正是"做一日和尚，撞一天钟"。

由此，让我想起南怀瑾先生生前，发生在太湖大学堂"人民公社"餐桌上的一件逸闻往事。

记得那天晚上，南怀瑾先生对来访的浙江省、杭州市两级宗教局的领导说（大意）：浙江是宗教大省，佛教寺院众多，更有灵隐、普陀这样的古寺名刹，香火都很旺盛，应该要让这些方丈、住持多做善事、积功德，要回馈社会、关爱弱小，而不是一味只依赖别人来供养。南师还说：过去的寺庙都有自己的庙产，基本是自食其力的，每逢灾年，还会搭粥棚、施义粥，救济灾民。南师甚至说：佛教也要向作为"后来者"的基督教、天主教等宗教学习，这些教派在进入中国之初，也大都是从办义学（学校）、义诊（医院）着手的……

可见，真正的"佛系"，不单要"自救"，更要"救人"，绝不是简单追求消极避世的。从众多的出家师父、在家居士身上，我们也可以看到他们潜心修身、积极弘法、济世利他的博大胸襟、伟大人格。

这也让我再次想起南怀瑾先生生前经常提及的这副联句：

佛为心　道为骨　儒为表　大度看世界
技在手　能在身　思在脑　从容过生活

生而为人，就是要回答好两个问题：怎么"看世界"？如何"过生活"？"佛、道、儒"解决的是"看世界"的方法，"技、能、思"提供的是"过生活"的手段。所谓"红尘即道场"，有此二者加持，才谈得上是真正的"佛系"生活，才有可能做到"大度""从容"。或许，这才是"佛系"的正确打开方式吧。

2022 年 10 月 31 日

校外培训与教育公平

一部热播的教育题材电视剧《小舍得》，不单引起了家长们的共鸣、热议，也"引来"了中央办公厅、国务院办公厅的《关于进一步减轻义务教育阶段学生作业负担和校外培训负担的意见》（简称"双减"），矛头直指"校外培训"，这恐怕是制作方和广大家长始料未及的。此政策在一片叫好声中，同样也不乏担心和质疑的声音，试析之。

教育与资本

《意见》明确："学科类培训机构一律不得上市融资，严禁资本化运作；上市公司不得通过股票市场融资投资学科类培训机构，不得通过发行股份或支付现金等方式购买学科类培训机构资产；外资不得通过兼并收购、受托经营、加盟连锁、利用可变利益实体等方式控股或参股学科类培训机构。"可谓直指要害。一时间，资本市场"教育培训板块"哀鸿遍野、"跌跌"不休。

客观地说，办教育离不开钱，但办教育不能为了钱。过度的资本化、产业化，必将把教育引入"唯利是图"的歧途。

古人将教书育人定位为"传道、授业、解惑",教育者以"非为稻粱谋"为初心、出发点。也因此将义务教育阶段的教育、培训机构定位为"公益、非营利"属性,实属正本清源、利国利民之举。如此,则可让教育始终成为一项神圣的事业,成为一块"高洁"的净地。恢复过去那种纯正的师生情感,而不应成为夹杂了物质和利益交换的商业往来。

当然,我们也应该鼓励"有良心的"资本和"有情怀的"企业家积极回馈或反哺教育,但前提必须是以"非营利"为目的的。

校外与校内

《意见》指出,"校外培训机构不得占用国家法定节假日、休息日及寒暑假期组织学科类培训"。有了这一条,学生校外补课的空间、时间"理论上"没有了。

《意见》还分类明确了"作业总量"的要求:"学校要确保小学一、二年级不布置家庭书面作业,可在校内适当安排巩固练习;小学三至六年级书面作业平均完成时间不超过60分钟,初中书面作业平均完成时间不超过90分钟。"由此,自然也引发家长们的另一种担心:学生升学竞争的压力(乃至将来高考、择业竞争的压力)仍在,毕竟,应试教育这根指挥棒带来的学习任务依然繁重,如何能保证在校内有限的时间和空间内有效完成?

对此,《意见》是这么说的:"大力提升教育教学质量,确保学生在校内学足学好。"具体而言,就是"保证课后服务时间。学校要充分利用资源优势,有效实施各种课后育人活动,在校内满足学生多样化学习需求。引导学生自愿参加课后服务"。"对于学校来说,课后服务不能满足部分学生发展兴趣特长等特殊需要的,可适当引进非学科类校外培训机构参与课后服务,由教育部门负责组织遴选,供学校选择使用,并建立评估退出机制"。"对现有学科类培训机构重新审核登记,逐步大大压减,解决过多过滥问题"。以校内的"课后服务"来替代原有的"校外培训",这是《意见》给出的一个基本思路。

《意见》将"课后服务"的内容限制在"多样化学习需求"等非学科内容,出发点是好的,但可能也恰恰是效果存疑的地方。如果可以设置一个过渡期,允许加入一定比例的学科培训内容,肯定更易为学生和家长所接受,也更有利于对校外培训市场起到遏止与替代作用。至少,这种校内"补课"的范围和强度是可控的,也相对是公平的。能把校外的无序培训转变为校内的有序竞争,就是一个不小的进步。

为家长减负

"双减"减的是学生的负担,实质也是为了减轻家长的负担:既有心理、生理的负担,也有物质、金钱的负担。对校外培训的重拳出击、严格监管,如果真正执行到位,应该说对广大家长而言,是一个极大的解脱。

《意见》的这一条非常值得称道:"课后服务结束时间原则上不早于当地正常下班时间;对有特殊需要的学生,学校应提供延时托管服务;初中学校工作日晚上可开设自习班。学校可统筹安排教师实行'弹性上下班制'。"此举可以极大地缓解学生家长(尤其是"双职工"家庭)接送学生上学、放学的负担和压力。

但家长心理上的担心似乎依然存在:校外培训会不会以更隐秘的方式"换个马甲"卷土重来?孩子受教育的机会真的公平了吗?毕竟优质教育资源在一定区域范围内的公平、均衡分配,不是在短时间内可以实现的。《意见》对这些虽然也有涉及,但似乎还缺少操作性、指标性的内容。

老师的合理关切

无论校内教学,还是校外培训,缺一不可的两个主体是学生和老师。学生的负担"双减"了,老师的关切似乎也应该得到重视和回应。对于部分老师而言,之前校内"磨洋工"、校外"开夜工"的日子,自然是"一去不返"了(不排除会有个别老师转入"地下"或做"游击队",但风险巨大不足取),但毕竟也失去了很大一块经济收入,而参与校外培训(补课)的这部分师资,大多是有着丰富教学经验的优秀老师(毕竟吸引生源要靠实力、口碑),如何确保他们在校内授课、课后服务中也能够全身心投入，考验的是学校管理者的水平。其中，必要的经济补偿机制也是不可或缺的。毕竟老师们付出了劳动，放弃了休息。

对此，《意见》是这么表述的："课后服务一般由本校教师承担，也可聘请退休教师、具备资质的社会专业人员或志愿者提供。教育部门可组织区域内优秀教师到师资力量薄弱的学校开展课后服务。依法依规严肃查处教师校外有偿补课行为，直至撤销教师资格。""省级政府要制定学校课后服务经费保障办法，明确相关标准，采取财政补贴、服务性收费或代收费等方式，确保经费筹措到位。课后服务经费主要用于参与课后服务教师和相关人员的补助。"

这样的"赏罚并举"算是考虑得比较周到了，也是值得期待的。相信在不久的将来，会有试点地区的成功经验得到认可和推广。

政府的责任

"科教强国"作为我国的基本国策提出，已历经了几代人；"教育投入不低于 GDP 的 4%"的要求，也说了多年了；教育领域的改革起起伏伏，也折腾不少回了。教育事业虽然也取得了令人瞩目的成就，但仍任重而道远：国家和地方各级政府的钱没少花（据了解，即使在沿海发达省份的部分乡镇、街道，地方可用财力的 80%甚至 100%用于义务教育投入仍嫌不足），家长的钱也没少花、罪没少受（校外培训就是一个典型的消费坑），学生的负担就更不用说了（否则也不用"双减"了）。

在强调"事权与财权"相匹配的财税制度改革中，如果能够将基础教育投入（尤其义务教育阶段）这一涉及千家万户、事关国民素养的国计民生大事，真正纳入国家财力统筹，由国家来"兜这个底"（也可减轻基层政府的财政负担），同时让家长们原本偷偷摸摸花在校外培训上的支出（远大于义务教育阶段的校内支出），通过合理、合规的途径转化为老师的正当、合法收入和补偿，才是真正让老百姓享受改革发展红利，增加获得感、幸福感的题中应有之义。这或许才是各级政府（包括中央政府）应该担负的责任。

最后，祝愿《意见》描述的"双减"目标可以如期实现："学校教育教学质量和服务水平进一步提升，作业布置更加科学合理，学校课后服务基本满足学生需要，学生学习更好回归校园，校外培训机构培训行为全面规范。学生过重作业负担和校外培训负担、家庭教育支出和家长相应精力负担1年内有效减轻、3年内成效显著，人民群众教育满意度明显提升。"

2020 年 12 月 2 日

留住"纯真年代"

19世纪的英国作家狄更斯说过:"这是一个最好的时代,也是一个最坏的时代。"当代中国国学大家南怀瑾先生也说过类似的话。这是身处不同经济快速发展时期的清醒的文化人发出的灵魂呐喊,至今回响不绝。

当越来越多的现代人被物质生活所裹挟,或主动或被动地投入"滚滚红尘"中时,也有人选择了坚守心中的那份理想与信念。

创办于2000年9月的杭州"纯真年代"书吧,是西湖边的一道独特风景,直面西湖,枕宝石山,依保俶塔,被誉为"杭城民间的文化地标""西湖边的文化客厅"。这是一家由个人兴办的文化场所,更为难得的是,店主一家两代人,舍家弃业20余年,只为心中的一个坚守:"物质社会,我们仍向往纯真年代",令人印象深刻,过目难忘。

去年中秋前夕(2021年9月19日),因参加在杭州西湖边举办的一场纪念南师的分享活动,我第一次登上位于宝石山腰的"纯真年代"书吧。拾级而上,经过一段长长的石板台阶,我立刻就被书吧独特的地形气象和文化气质所吸引,虽是初识，却宛似重逢。店内书香四溢，店员彬彬有礼，透过窗户或是移步室外，不远处就是波光粼粼的西湖和著名的白堤、断桥，上行数百级台阶，即是保俶塔所在。平日里这个时节西湖景区早应是人头攒动、游人如织、热闹不已，而在疫情之下，似乎也多了许多宁静，这于以旅游为主业的商家而言是缺憾，于读书人而言，则是难得的清静。在线下书店普遍度日维艰的当下，我真的为店主一家捏一把汗，在这样一个寸土寸金的黄金地段，经营一家书店，其难度是可想而知的。从店内随处可见的众多名家大咖留下的字画墨宝，看得出店家对于守住一片文化净土的坚定与执着，也看得出文化人视之如知己，敬之如知音。

未料，不久却传来该店的同城分号"杨柳郡店"将于2021年底歇业的消息。闻之愕然，难道偌大的杭州城竟"安放不下一张平静的书桌了"？那份悲凉感，竟然如一。难道我们真的是进入了"末法时代"，或者正应了那句话："这是最好的时代，也是最坏的时代"？疫情无情，人间有爱。店主盛厦一篇《难说·再见》的"文告"，"一石激起千层浪"，竟引发了杭城一场不小的文化"地震"，媒体、文化人、普通读者，甚至社区居民，或奔走呼告，表达不舍与挽留，或施以"援手"，表达支持与帮助。闻之令人动容。台湾知名文化人方文山先生也专程从上海赶往杭州，以专场讲座的形式，为这个普通的书吧加油打气，只为曾经的一份相识和认同。

而我，作为书吧的一名匆匆过客，只能默默在心里为这家书吧的命运祈祷，期待"关店"风波能够出现转机，并有一个圆满而非悲壮的结局。转眼到了辛丑年的岁末，已经过了店主宣告的"杨柳郡店"12月底歇业的时间，意外收到店主盛厦发来的微信，说要寄一本记录当年活动的册子给我，再看书吧公号中"杨柳郡店"的活动日程依旧满满，想来已是顺利渡过了难关，转"危"为"机"，实现了圆满的转身。那一刻，真的为店主一家欣慰，也为疫情之下杭城的文化坚守由衷感叹！"选择坚守，相信文化的力量，生活赐予的一切经历都是财富。"这是我当时鼓励盛厦的话，更希望更多的人仍然相信这样的坚守是值得的。

"物质社会，我们仍向往纯真年代！"

2022 年 3 月 26 日

吴江的"企业家精神"

苏州，以一个地级市的城市体量，却比肩"一线城市"、超越大部分省会城市，是现实版的"苏大强"。而苏州的几个"儿女"（所辖县级市和区）也"都挺好"的，全部位列"全国百强县（区）"前茅，"三大法宝"（"张家港精神""昆山之路""园区经验"）更是闻名遐迩，有口皆碑。

在苏州的几个"板块"中，吴江更像是"尖子班"的"中等生"，不一定"抢眼"，却绝不会"落后"。说起吴江，能够与苏州"三大法宝"相媲美、最为外界所称道，也是吴江人引以为傲的，应该就是吴江的民营企业家群体。吴江的发展精神，某种程度上就是吴江的"企业家精神"。

似"水"吴江

俗话说："一方水土养一方人。"吴江是水乡，这里有万顷东太湖、千年古运河，有大大小小数十个湖泊。从空中看吴江，陆地就像一片片树叶飘落在水面上。生长在这片土地上的吴江人，骨子里流淌的是"水"的基因：至柔至韧、润物无声。这里的政商环境融洽自如，这里的百姓好客热情。从这些喝着太湖水长大的吴江人中间，走出了一大批成功的民营企业家，他们或起步于乡野，或成长于城镇，壮大于改革开放，成就于这个伟大的新时代。吴江企业家的低调是出了名的，他们更习惯于被人家称作"草根企业家"或"农民企业家"。他们为人处世、待人接物，处处体现着水乡人的谦逊诚恳、忍让包容。

水润万物而无形。吴江是包容的，无论是外来的、新来的，都能找到"宾至如归"的感觉，丝毫不觉得有"排外"的违和感。水至柔，却一往无前。吴江地处"吴头越尾"，这里有吴文化的谦让，有越文化的进取。这里有"商圣"范蠡的足迹，有现代苏商的执着身影。水是平静的，也是奔腾的。吴江企业家性格中的"糯"，言辞中的"谦"，行事中的"让"，无不体现着似"水"的品格。

企业家群体

吴江虽说地处长三角核心地带，但这里"沿海"不靠海、"沿江"不临江（长江），在这里经商办企业，可以说是"螺丝壳里做道场"。有人说：吴江的民营企业家厉害。这里的"草根企业"蔚然成群，不仅成为一个群体，更成为一种现象。这里有亨通、永鼎、通鼎的"三足鼎立"，有纺织业的"日出万匹、衣被天下"，有传统行业的"一镇一品"，也有行业翘楚、"地标"、"龙头"。从曾经的"铺天盖地"，到现今的"顶天立地"，吴江的企业家一步一个脚印，行稳而致远。吴江能成为全省乃至全国民营经济的"领头羊",靠的是一大批吴江企业家的韧劲、拼劲,以及不服输的性格。从这里走出了位列"世界五百强""中国五百强""民企五百强"的企业,绝不是偶然的。最大的财富、最核心的资源,就是吴江的企业家群体,顾云奎、徐关祥、肖水根、崔根良、陈建华、缪汉根……他们一茬接着一茬干,一代更比一代强。

代表人物

如果要给吴江的企业家群体找一个代表,他应该是亨通集团的创始人——崔根良,一个从吴江的田间地头走出来的民营企业家。在"全国人大代表""时代楷模""最美奋斗者"这些荣誉光环的背后,人们更熟悉那个作为吴江"七都人"的"草根"企业家。

老崔是"土生土长"的吴江七都人,在他身上,首先体现的是七都人真诚、拼搏的精神风貌。用崔总自己的话说:真诚体现如何做人,拼搏体现如何做事。正是这种做人、做事的态度,决定了吴江企业家的茁壮成长。

接触、了解崔根良的人,都会被他身上的优秀品格所吸引、感染:谦逊不张扬,友善不做作,务实不浮夸,创新不守成。这些品格特征,既是属于崔根良的,也是吴江企业家群体的真实写照,更是属于吴江的"企业家精神"。

2020 年 5 月 8 日

两个"SZ"：深圳与苏州

深圳与苏州，两座同以"SZ"缩写的城市，都是国内响当当的存在，一个在珠三角、一个在长三角，一南一北，各自引领着一方"风骚"。说他们"富可敌国"也不为过，但两者又有着各自鲜明的特色。

深　圳

深圳是座年轻的城市。

当"一位老人，在中国的南海边画了一个圈"，便注定了一个奇迹的诞生：作为改革开放的"试验田""桥头堡"，深圳无疑是中国改革开放最成功的案例和真实的见证。从一个名不见经传的南海边的小渔村，变身为一个现代化的大都市，深圳只用了短短不到四十年的时间。

今年8月，深圳将迎来经济特区40岁生日。40岁于一个人，或许是"不惑之年"，于一座城，只能算初长成。深圳的年轻，体现在城市的一砖一瓦上，更体现在这座城市最大的资源——随处可见的年轻创业者的身影上。曾经勇立潮头、敢于"第一个吃螃蟹"的第一代创业者已不再年轻，但新一代的年轻创业者纷至沓来，他们在父辈们开创的基业上再展鸿图，续写着属于自己的新辉煌。

深圳是座"不眠"的城市。

她"不养懒人"，用深圳人的话说："要想活下去，就得拼命奔跑。"一线城市的生活成本、高科技产业的竞争压力，让这里的年轻人习惯了起早贪黑，习惯了废寝忘食，习惯了夜以继日。正是这种"不眠不休"的创业精神，铸就了深圳人的"骨骼、基因"。

有人说，深圳是座"无根"的城市、"陌生人"的城市。在这里，"深圳人"似乎只是一个地理上的名词，大家区分身份仍以各自的原籍为标志："潮汕人""湖南人""山东人""东北人""西北人"……五湖四海，应有尽有，普通话成为这座城市出现频率最高的语言。在这里，"回家"似乎依然是指回各自的原籍老家。

当然，这一切也正慢慢发生着改变。随着"深二代""深三代"的逐渐成长、接棒，他们有了在这座城市的儿时记忆，有了幼儿园、小学相伴成长的同学、玩伴，从而慢慢有了对深圳作为"家"的认知。

深圳是座"创新"的城市。

在深圳的城市基因里，少了内地城市常见的"关系学""裙带风"，多的是年轻人的朝气蓬勃、意气风发，敢闯敢试。"创新"是她的基本特质。一个华为公司，足以让世界"霸主"美国倾力打压；一个南山区，足以傲视全中国所有的科创载体。它们靠的正是这种永不止步的创新精神。

这里的创新基因和创业土壤，吸引着各方人才、各路精英，这里也因此成为理想的"造梦""追梦""圆梦"之地。一个个高科技企业脱颖而出，一代代创新科技应运而生。

苏　州

苏州是座古老的城市。

2500 多年的建城历史、吴越纷争的硝烟、泰伯让国的美谈、曾经的"南直隶"首府，都印证了苏州的悠久、高贵和典雅。随便推开古城的一扇门，便是一个千年的见证。

苏州是座精致的城市。

美食、园林，吴侬软语、"小桥流水人家"、"上海后花园"，是苏州的传统"文化符号"，也是大众记忆深处的小城姑苏。"苏州一碗面"，就足以让人印象深刻，流连忘返。

苏州是座"内敛"的城市。

"小家碧玉"的苏州人，深谙"不争是争"的道理，内敛而不张扬。有人说，传统的"苏商"是"坐商"，而非"行商"，自古苏州商人流连于"人间天堂"的富庶鱼米乡，不愿出门远行。这一切正悄悄发生着改变。今天的苏州人不再满足于偏安一隅，开放包容同样是这座城市的品质，苏州企业家的足迹也早已遍布全球各地。

苏州的"低调、内敛"还体现在所有沿海省份的非省会城市中，苏州是唯一的非"副省级"经济大市，"富可敌国"却还没有一座自己的民用机场。苏州被"低配"，却从不肯低头，以其特有的柔韧和执着，精耕细作着一方沃土。

苏州是座"硬核"的城市。

作为"地表最强"地级市，苏州的"硬核"表现可圈可点：这里有国家级开发区排名第一的苏州中新合作工业园区、全国"百强县"排名第一的昆山市，这里有享誉全国的"三大法宝"（"张家港精神""昆山之路""园区经验"），这里的每一个县（市）、区都位列全国前茅，是名副其实的"苏大强"。

苏州的开放型经济远近闻名。作为江苏的第一经济大市，苏州早已不再满足于做"大树底下的碧螺春"，乡镇企业、民营经济、外向型经济，苏州一步一个脚印，稳扎稳打，成为"苏锡常"的"带头"大哥，即将迈入"2万亿 GDP"城市"俱乐部"的门槛。

深圳·苏州

深圳与苏州，都是美丽的城市。

一个是"青春少年"，成长于"新时代"；一个似"古典淑女"，养成于"深闺中"。一个年轻活泼，朝气蓬勃；一个温婉宁静，坚毅内秀。深圳的美，在骨骼清奇、活力四射；苏州的美，在岁月积淀、含蓄隽永。无论现代与古老，虽各有所长、各有倚重，但是两地都以自身独特的魅力、个性和优势，独步一方、傲立于世。

深圳与苏州，都是开放包容的城市。

"来了就是深圳人"，深圳面朝大海，有经济特区政策和国家"粤港澳大湾区"战略加持，是座让人"去了还会再去"的城市。

"醒来还是苏州人"，苏州通江达海，有国家"长三角一体化"和"长江经济带"战略加持，是座让人"去了不想离开"的城市。

不一样的城市特质，一样的开放包容、开拓进取。同为人口净流入的城市，深圳与苏州，都是创新、创业者的乐土，各路人才、精英的家园。

改革在路上，开放再出发！

深圳与苏州，两个同为"SZ"的城市，未来可期，前程似锦！

2020 年 5 月 22 日

也说"沪苏同城化"

2020年9月,"地表最强"地级市——苏州"易帅":新任"掌门"(市委书记)由上海市副市长调任。在最高层提出打造"长三角生态绿色一体化"国家战略的背景下,这也传递出一种"新常态":在不打破原有行政区划的情况下,加大官员的异地交流任职力度,可助推区域的"一体化"进程。不久,苏州有了一个新提法:"沪苏同城化"。岁末年初的苏州"两会",更将"沪苏同城化"上升到了战略高度。于是各类调研纷纷展开,或委托专家智库建言献策,或纳入"十四五"规划纲要。各家、各版的"沪苏同城化"方案也呼之欲出。

其实,"同城化"的概念、提法,早已有之,并非新事物,且多出现在相邻城市、主副城市之间。提出"同城化"设想的一方多半是相对处于弱势的一方,囿于行政区划的不同,相互之间以往更多的是竞争关系。毕竟城市能级、政策红利、人才资源等的争夺,是当下各城市间竞争的"新常态"。正因为如此,此类合作,往往"貌合神离"多、"志同道合"少,多半是"雷声大雨点小",成功的案例并不多见。

苏州与上海,同属江南富庶之地。作为沿海发达地区的两座毗邻城市，经济社会发展水平落差较小、产业互补性强、人文风俗相近。这次携"一体化"国家战略之利，苏州提出"沪苏同城化"发展方向，似乎更多了几分底气。与此同时，作为"高攀"一方的苏州，如果方向不明、思虑不周、操作不当，"沪苏同城化"同样面临着重重困难和种种不确定性……

"同城化"是更高层次的"一体化"

既然"同城化"是在"一体化"基础上提出的，其追求的自然应是更高层次的"一体化"。如果说"一体化"解决的是"通"，"同城化"解决的则是"达"。

所谓"通"者，设施相通、理念相通、制度相通。你来我往，互通有无；可聚可散，同频共振。所谓"达"者，类其形，达其意，得其精髓。你中有我，我中有你；势如犄角，唇齿相依。苏州"沪苏同城化"所追求的，自然是要超越前者，直达后者。上海的专业化水平、精细化管理、国际化视野，都是值得同为开放型城市的苏州学习和借鉴的。

"同城化"不应被"同化"

在追求"同城化"的过程中，一定要避免掉入"同质化"的痼疾。与"同质化"相对应的，更应是"差异化""特色化"，做到"人无我有、人有我优"。

这方面，建城2500多年的苏州，在相对年轻的"后起之秀"——上海面前，无疑是拥有特殊优势和条件的。比如，深厚的人文底蕴、隽永的江南古镇、成群的古典园林、美味的水乡美食，加之后起的开放型经济、产业集群优势，乃至勤奋智慧的民营企业家群体，都与上海形成高度互补。上海作为大都市的繁荣，从某种意义上讲，是离不开以苏杭为代表的江浙经济腹地作支撑的。

相反，如果苏州离开了自己的特色和优势，与上海谈"嫁接"、谋"转移"，只能是舍本逐末、得不偿失。苏州一旦变得不像苏州了，也就失去了自身存在的价值和地位，离被"同化"、成为上海的"附庸"也就不远了。

"同城化"的前提是能"对等化"

如果"沪苏同城化"只是苏州一厢情愿的"单相思"，是注定结不成好"姻缘"，也不会有好结果的。毕竟，仅靠个别地方官员的异地互派，并不能带来两地的必然"结盟"。所谓"门当户对"，既适用于两个家庭，也同样适合于两个城市。

而要实现沪、苏两座城市的"对等化"，恰恰是横亘在两者间的一条"鸿沟"。其中，苏州城市能级的局限便是一道跨越不过去的"坎儿"。一个很好的例证是：上海已经在谋划自己的第三机场，而经济体量等同于一个北欧小国的苏州，却至今没有一座属于自己城市的国际机场，这也成为苏州人心中一个永远的痛！

能否上演一出现代版的"双城记",任重而道远,考验的是苏州人的智慧和勇气。

获得"有感"与边界"无感"

苏州提出"同城化"的目的,显然是要追求沪、苏两座城市的相得益彰、等量齐观。而对于民众与企业来说,更在意的或许是希望实现生产、生活上的便利、优待、无差别,特别是民生福祉方面的"获得感",以及在往返于两地时的无隔阂、无歧视,尤其是各类政策上的"无边界感"。

这种获得"有感"与边界"无感",既包含了物质层面的医疗、教育等资源的均等化、便利化,更主要的则是精神、心理层面的。比如上海对外地车牌、外地户籍人员的限制措施,不可能会对苏州"网开一面"。毕竟,两地居民的心理隔阂也是由来已久。

当然,要让大上海让渡它的"存量"资源是不现实的,解决的最好办法,只能是共建、共享"增量"资源,把优质资源的"蛋糕"做大,才有可能在一定范围内实现市民、企业所期待的获得"有感"和边界"无感"。

顺应趋势,相信市场的力量

推动两座相邻城市的"同城化",各级政府及其官员的作用固然重要,但决定成败的却是发展的趋势和市场的规律。政府所能做的只是因势利导、顺势而为。正如当初小平同志在南海边"画一个圈",绝非任意而为之,恰是顺应了历史的趋势和市场的规律。

提出"一体化""同城化"的出发点,就是要在不打破原有行政区划的前提下,实现区域间的协调、协同发展。行政有边界而市场无边界,甚至是跨越国界的,因此借重和发挥市场机制的力量,应该是推进"沪苏同城化"战略的关键要素。

此外,"同城化"也一定是顶层设计与基层创新的结合,而市场力量的黏合,则是不可或缺的一环。

"沪苏同城化"目标若达成,于国、于民善莫大焉。而放眼今日国内的大、中城市,有条件提"同城化"的,恐怕也非"沪苏""港深"这样的城市莫属。也许,这种敢为人先、舍我其谁的勇气,才是更值得褒奖和推崇的。

2021 年 5 月 6 日

美国：从"得意忘形"到"失意忘形"

南怀瑾先生曾说："一个人发了财，有了地位，有了年龄，或者有了学问，自然气势就很高，得意就忘形了。所以，人做到得意不忘形很难。""比得意忘形更可怕的，是失意忘形。""有人本来蛮好的，当他发财、得意的时候，事情都处理得很得当，见人也彬彬有礼；但是一旦失意之后，就连人也不愿见，一副讨厌相，自卑感，种种的烦恼都来了，人完全变了——失意忘形。""所以得意忘形与失意忘形，同样都是没有修养，都是不够的。"

南先生所说的，是关于一个人"得意忘形""失意忘形"的情形。如果这段话要找一个国家来作代表，则非"地球霸主"美国莫属了。综观今日美国之种种表现，一言以蔽之，就是从"得意忘形"进入了"失意忘形"的状态。

应该说，两次世界大战以来，特别是美元霸权确立以来，美国一直是以"山巅之城"的姿态睥睨全球的。其"得意忘形"的表现不胜枚举，带动了整个西方社会"白人至上"（尤其是盎格鲁-撒克逊民族）的种族优越感，"非我族类，皆为蛮夷"。极端自信、自负的结果，必然是信用透支、入不敷出，

"其兴也勃焉,其亡也忽焉"。其最辉煌的时候,恰恰也是逐渐下坡、步入颓势的开始。

记得南怀瑾先生在20世纪80年代居留美国期间,曾对美国财政部的一位官员说道:"对你们美国的观感有三句话:第一,你们是世界上最富裕的国家。第二,是最贫穷的社会,因为我看到那些家庭用的汽车、家具、电视机、洗衣机、冰箱等等,都是分期付款的。第三,你们是世界上负债最大的国家,你们根本空的,都是欠人家的,欠全世界的,骗全世界来的,因为你们有原子弹,所以人家不敢向你们讨账。"

而现阶段(尤其自特朗普执政以来)的美国,习惯性地背信弃约、野蛮制裁、疯狂施压的各种表现,透露的是内在的虚弱、色厉而内荏,一副"没落贵族"的"讨厌相"。以"失意忘形"来形容之,一点不为过。

新冠肺炎疫情暴发以来,供应链崩溃、通货膨胀、劳工短缺、金融风险等积聚叠加、循环助推,暴露出了美国社会深层危机,财富分配加速两极化,早已到了积重难返的地步。

据悉,"自新冠肺炎疫情暴发以来,美国470多位亿万富豪的总财富增加了2.1万亿美元,增幅达70%。美国最富有的1%的人拥有的财富,有史以来首次超过了整个中产阶级的财富,顶层倚仗资本在食利,而底层在社会阶层固化的绝望中选择了'躺平'。'生之者寡而食之者众'的弊病更加严重"。

更要命的是,美国是典型的消费社会。制造业流失严重,即使拥有世界一流的高科技企业，大多也是无工厂企业，生产端基本不在其境内，各种生活必需品和耐用消费品几乎完全依赖进口，美国的公路、铁路、桥梁等基础设施，早已老旧不堪，物流不畅、供应链危机，更加突显了美国产业空心化的问题。

而美国股市一路高歌的"繁荣"假象，早已经与实体经济严重脱节。美国股市总市值超过 GDP 两倍，处于严重高估状态，早已是"高处不胜寒"。而一旦离开美联储这部得心应手的印钞机，美国政府的巨额债务风险将加剧，美国经济复苏会被釜底抽薪，股市泡沫也面临刺破的危险，并可能引爆企业和家庭的债务危机。一场更猛烈的金融风暴也正在悄然酝酿。

当下的美国，仍执着于依赖"美元、美军、美式民主"的霸权余威，其刻意挑起的俄乌战争，或可收一时之效，短期吸引部分美元回流救通胀之危，但其国内的困境、困局难解，在"西式民主"的治理体制下，始终是饮鸩止渴，终不能久远，不过是"失意忘形"下的穷途末路、苟延残喘罢了。

究其因，恰如南怀瑾先生所言："是心有所住，有所住，就被一个东西困住了。"对此，南先生给出的答案是："应无所住而行布施，是解脱，是大解脱，一切事情，物来则应，过去不留。"于人如此，于国亦然。可惜傲慢的美国终究无法（或不愿）接受这样一个现实：距离其走下"神坛"的日子已经不远了。而无论"得意忘形"还是"失意忘形"，起决定作用的还是当事者自己。恰如先贤所言:"族秦者秦也,非天下也","后人哀之而不鉴之,亦使后人而复哀后人也"。但愿"霸道"终结之日,便是"王道"兴起之时。

2022 年 3 月 13 日

读《创业的国度》所想到的

以色列以一个弹丸小国所创造的经济奇迹，确实值得研究和分析，而这本由美国丹·塞诺（Dan Senor）和以色列索尔·辛格（Saul Singer）合著的《创业的国度——以色列经济奇迹的启示》无疑给出了很多有益的启示和答案。而我们——发展中的中国，似乎能够总结，也有很多人乐于总结的发展经验俯拾皆是。俗话说，它山之石，可以攻玉。换个角度看自己，换一种思维方式或许可以得到更多有用的启发，这是我读这本书时首先想到的。

作者开宗明义：这是一本关于创新和创业精神的书。掩卷而思，我认为其不竭的动力来源于犹太民族独特的文化和其恶劣的生存环境，而这恰是我们中华民族可以借鉴和学习的。

其一，关于文化。当我们中国的专家学者一派歌功颂德，陶醉于"世界第二"的经济奇迹，似乎中华民族的伟大复兴指日可待的时候，其实我们的国家、我们的民族，已是物欲横流、人情冷漠、危机四伏，没人认真研究我们失去了什么，我们更应该重视些什么，而文化的缺失、精神的颓废、信仰的迷惘，这些恰是当下中华民族最需重视的，也是我们缺乏持久竞争力的根源所在。国学大师南怀瑾先生在谈及以色列以及犹太民族时说，即使没有以色列这个国家，只要有犹太民族在，它也永远不会灭亡。相反，一个貌似强大的国家，如果没有属于自己的民族文化，其衰落也只是迟早的事情。反观我们的国家，伴随经济的快速发展，却是文化的匮乏、信仰的缺失、（道德）底线的丧失。这样的发展，说到底是无法走远，也是不可持续的，更是危险的。今天，我们提出要注重社会管理的创新，提炼社会主义的核心价值观，但是要避免急功近利，因为文化的回归和精神价值观的重建，不是一朝一夕的事情。更要命的是，过去我们迷信"西方的月亮也比中国的圆"，现在又期待找到一个济世良方，能包治当今社会的百病。殊不知，当我们眼睛盯着海外，盼着天上掉馅饼的时候，却忘了老祖宗留给我们的宝贵文化财富，那才是真正意义上的传家宝贝，那就是我们优秀的中华传统文化，中华民族的真正精华所在。现在我们的小孩儿从牙牙学语就要开始学习英文，到大学毕业却不会好好地写祖宗留给我们的方块字，更不要奢谈了解多少国学精髓。这方面，南怀瑾先生，一个世纪老人，本着"出世的态度"，做着"入世的事业"，以弘扬国学为己任，更一语中的地指出，五四新文化运动打开了我们看世界的视窗，却也关上了我们与老祖宗对话的大门。丰富的文化宝藏，因今人那点少得可怜的文言文功底而被束之高阁，在我们以"无知无畏"的心态批判传统文化的不合时宜时，殊不知，我们所了解的传统文化真的连九牛一毛也不及。一个不尊重自己历史和传统的民族是没有希望的，从这个意义上说，我们真应该向以色列这样的国家、民族学习，国亡了，也不能亡文化、亡精神。好好地从孩子们抓起，把祖宗留给我们的宝贵文化精神代代相传下去，才对得起、配得上炎黄子孙的称号。

其二，关于生存环境。以色列建国只有短短几十年，却始终处在周边充满敌意的阿拉伯世界的包围之中，与生俱来的忧患意识浸入到这个国家和民族的每一个人心里，也正是这样的忧患意识让他们有了不屈不挠、用之不竭的精神动力。此外，饱经磨难的犹太民族，对自己的国家倍加珍惜。什么叫同仇敌忾？什么叫众志成城？什么叫生于忧患、死于安乐？以色列这个国家和民族，给出了最好的回答。同样，翻开我们中华民族的近代史，就是一部凝聚着血和泪的屈辱史、灾难史，如果说灾难可以凝聚人心，那灾难过后又靠什么来凝聚人心？答案应该就是一个民族始终保持一种忧患意识，忧患可以催人奋进，而今天的中国人似乎正缺少这样的忧患意识，并且这样的忧患意识，不应只是少数精英阶层的"专利"，而应该是全民族、全体国民的一种共同意识。这方面以色列做到了，反观我们的国人呢？自私、狭隘、势利、钻营，充斥在我们社会生活的方方面面，而在国家观念、民族意识等方面，则充满了莫名其妙的优越感和急功近利的功利主义。如果一定要找到一个参照物才能警醒我们的国民，其实我们的生存环境并不乐观，且不说美国为了长久保持其霸主地位，以它的"硬实力、软实力和巧实力"，对发展中的中国进行全面的"围剿"，即便我们的近邻们，也不愿意看到一个强大的社会主义中国近在咫尺，更何况，我们还有海峡两岸如何统一的问题没有解决。我们的内部也并不太平，地少人多、地区差异、民族矛盾、资源短缺，等等，每一样都制约着我们，困扰着我们，也考验着我们的能力和智慧。所有这些，都不能指望个别英雄领袖或少数专家精英来轻易解决或化解，需要的是整个中华民族和全体国人共同保持一份长期的忧患意识，进而转化为创新、创业的不竭动力和力量源泉。

无论文化的回归还是忧患的确立，均非一朝一夕之功，也许需要几十年甚至几代人的努力。我们的政府、政党和社会精英们，并非无可作为，更应该担当起来，教化民众积极好学、知耻知礼知止，培养正确的价值观、荣辱观和敬畏心，确立时不我待、只争朝夕的危机感和忧患意识。持之以恒，我相信，我们的民族才能真正地实现它的伟大复兴。

"Chin"与"中国"

由于疫情的原因，虽同住太湖边，考虑到刘雨虹老师已是百岁高龄，我已经很长时间没有去看望她了，上次见面还是去岁腊月的一个周末。

大家都知道，刘雨虹老师是南怀瑾先生的文字"总编辑"。而刘老师的另一段经历，却常常被忽略：她是20世纪40年代南京金陵大学（教会办学）的毕业生，曾经做过记者和驻台美军的翻译。可见，刘老师不仅国学功底深厚，英文也是非常扎实的。也因为如此，她为南师的书翻译成外文、推介到海外，助益不少。

一次与刘雨虹老师闲聊，谈及"秦"在中国历史上的特殊地位和作用：实现了中国历史上第一个独立、统一、中央集权的"大一统"王朝。"郡县制""书同文，车同辙"，影响后世深远。虽"二世而亡"，却能长存于史、傲立于世。

刘老师说，其实"China"（中国）这个单词，最早就是从"Chin"（秦）演变而来的。

可见，即便在近现代西方人的眼中，能够代表"中国"的，"秦"也是当之无愧的。

将信将疑之下,我搜索网络,果然找到类似的表述:据《不列颠百科全书》记载,中国第一个大一统封建王朝——秦的英文名字即为 Chin,这也是 China 一词的来源之一。Chin 是韦氏拼音"秦"的拼法,等于汉语拼音 qin。

由于众所周知的原因,近代以来国人饱受欺凌和屈辱,对 China 这个单词,掺杂了太多复杂的情感记忆。尤其是关于"支那"一词,更包含了对中国人的蔑视。

知耻近乎勇!值此百年未有之大变局,国人当自强。相信在不远的将来,当中华民族复兴之日,我们可以重振"Chin"(秦)的辉煌。或许有朝一日,应该把"China"改回"Chin",这才是"中国"应有的定义。

2020 年 3 月 30 日

古装历史剧的经典：《雍正王朝》

记得1999年初，有两部古装清代电视剧风靡一时：一部是言情、戏说、偶像剧《还珠格格》，一部是历史正剧《雍正王朝》。两部剧集差不多同时开播，一时万人空巷、风头无两。年轻人、妇女、小孩儿，一边哼唱着"你是风儿我是沙"，一边随着小燕子、尔康、五阿哥、紫薇一起嘻笑怒骂；而机关干部、知识分子们，则被"得民心者得天下""一心要江山图治垂青史，也难说身后骂名滚滚来"的《雍正王朝》所吸引，欲罢不能。时间是最好的沉淀剂，转眼21年过去了。《还珠格格》虽经重拍，终究风光不再，曾经的"格格迷"们，也早已长大成年了，新一代的年轻人又有了新的偶像和追求。而二月河原著、刘和平编剧、胡玫执导，唐国强、焦晃等主演的《雍正王朝》，却堪称中国古装历史剧的经典之作，久播不衰，历久弥新（豆瓣评分至今仍在9分以上）。

该剧讲述了康熙皇帝驾崩，素有"冷面王"之称的四阿哥胤禛继位。在当政后出现的山西诺敏案、科场舞弊案中，雍正杀了一批牵扯其中的朝廷重臣。"摊丁入亩、火耗归公""士绅一体当差、一体纳粮""河南罢考案""铁帽子亲王大殿发难逼宫""含泪杀亲子"等一系列旨在推行新政、抑制官绅腐败和内部党争的历史事件，贯穿了雍正的一生和整个雍正王朝。

这样一部历史类题材的电视连续剧，能够吸引大家百看不厌、常看常新，得益于其精彩的剧情、精良的制作，尤其是台词之精练，远在《康熙王朝》《汉武大帝》之上。而强大的演员阵容，特别是几个"老戏骨"的精彩演绎，尤其值得称道！试说一二。

操碎了心的"皇爷爷"

"老戏骨"焦晃老师饰演的老年康熙皇帝，松弛自然，不着痕迹。感觉他不是在"演"皇帝，而就是在"做"皇帝，把一个为了江山社稷、子孙后嗣操心劳力的帝王形象，诩诩如生地展现在屏幕上。以至于看完前20集，让人误以为剧名应该叫"康熙王朝"，而非"雍正王朝"。

据报道，当年曾有北京某高校的海归学者，在看了焦晃老师饰演的康熙皇帝后，感慨道："终于明白要做好一个中国的帝王，当好这个封建大家长真的不容易。"从焦晃饰演的康熙这个"皇爷爷"身上，我们可以看到一代明君圣主，选择、培养、保护好一个合格的接班人（甚至要考虑到隔代的继承人），所需要付出的心血、智慧和勇气。这么一个角色的饱满形象，离不开焦晃老师深厚的文化底蕴和扎实的话剧舞台功底。从他口中念出的台词，丝毫没有违和感，听来是一种享受。

有国无家的雍正帝

唐国强主演的雍正皇帝,再无往昔"奶油小生"的痕迹,有的是大气磅礴、大义凛然,把一个忧国忧民、一心为国的"劳模"皇帝的形象刻画得真实自然,无疑是较为接近史实的雍正形象。

据记载,雍正皇帝每日的"朱批"在一万字以上,雍正一朝13年创造的税赋财富,超过了康熙和乾隆两朝120年的总和。也可以说,正是有了雍正的勤政,才奠定了"康乾盛世"的物质基础。

有人总结了雍正在位时的十大功绩:整饬吏治、摊丁入亩、设立军机处、完善密折制度、开放洋禁、废除腰斩、废除贱籍、平定罗卜藏丹津、始派驻藏大臣。他的历史贡献,应该是远甚于他的儿子乾隆的。正是有了雍正创造的稳定基业,才成就了后世乾隆的所谓"十全老人"。编剧刘和平是这么解读《雍正王朝》的:"托尔斯泰说,帝王是历史的奴隶,如果一个皇帝或上层集团把国当成家,那他的家庭利益就让步了,从这个意义上分析,雍正恰恰是有国无家的人。"正因为雍正是个敢于改革弊政、注重实干担当的皇帝,也应了《雍正王朝》片尾曲《得民心者得天下》的歌词:"一心要江山图治垂青史,也难说身后骂名滚滚来。"

"三朝宰辅"张廷玉

历史上的张廷玉,是跨越了康雍乾三世的"三朝宰辅",作为一名汉臣,位极人臣。剧中杜雨露的表演可圈可点,他把一个忠君、爱民、惜才,始终小心翼翼、兢兢业业的"高级干部"楷模形象,刻画得入木三分。

"实心办差"的田文镜

剧中的河南巡抚田文镜,无疑是实心办差的"好干部"。他衷心拥护改革,在上级(雍正皇帝)支持下试行"士绅一体当差、一体纳粮"新政,顶住层层压力、阻力,敢于动真碰硬,敢啃"硬骨头"。此剧塑造了这样一位"孤臣"的典型。

雍正"新政",正是有了一大批像田文镜这样的地方官员的支持、配合,才得以落地生根。雍正朝的改革能够取得实效,也才真实可信。

恃宠而骄的年羹尧

作为雍正身边最信赖、最能干的重臣之一,年羹尧应该是深谙世理、官道的,但他却在权力面前"迷失"了自己,功高震主,恃宠而骄,终究没能守住"底线、红线"。目空一切、树敌无数的结果,必然为天下人所不容。

年羹尧的一生，跌宕起伏、大起大落，从权倾一时，到黯然殒落（贬官赐死），他算得上是"能人腐败"的一个典型。

投机钻营的隆科多

上书房军机处领侍卫内大臣、兼领"九门提督"之职的隆科多，位高权重，位极人臣，是支持雍正继位的有功之臣，却在皇嗣争储中站错了队，以致晚节不保，重蹈了其六叔佟国维的覆辙。

察言观色、投机钻营，可以取巧一时，却不能永保一世，隆科多的命运、经历，既是他个人性格的缺陷所致，也是"伴君如伴虎"的政治身份使然。

从"潜邸奴才"到"两江总督"的李卫

剧中的李卫是一个较讨喜的角色，虽出身卑微，却深受"主子"雍正的信赖和赏识；虽大字不识几个，却在"科场舞弊案"中帮了"文人领袖"的副主考李绂；满口粗言秽语，思路却清晰缜密。

官至两江总督，始终不忘为朝廷分忧。智斗江南士绅，推行"摊丁入亩"，保证了江浙作为"天下粮仓、钱仓"的稳固。

正是李卫这一角色的存在，给全剧较为压抑沉闷的剧情，增添了些许活跃的氛围。

"洞若观火"的邬思道

作为剧中为数不多的虚构人物，邬思道一角，确乎是一位"点睛"式的人物。凡事情到了关键时、要紧处，总有这位邬先生的身影，一语道破天机，挽狂澜于既倒，扶大厦之将倾。这样一位通古识今的人物，深谙"功成、名遂、身退"的道理，追求的只是个人理想、信念、抱负的实施、实现，而不追求个人的荣华富贵，刻意与皇权保持了一分"安全"的距离。

剧中的很多人物，堪称大清朝的"劳模"群像。贯穿全剧的"勤政""爱民""改革""新政"等细节，很容易在当下形成共鸣，这也使这部电视剧某种程度上具有了超越时空的现实意义。

2020 年 6 月 18 日

附录一
在首届"七都孝贤"
表彰仪式上的致辞

孝行天下，德配千古

尊敬的父老乡亲们：

大家好！

首先，我谨代表南怀瑾老先生和太湖大学堂全体同人，对老太庙文化广场奠基仪式暨"七都孝贤"表彰活动，致以最诚挚的祝贺！

今天，由七都公众推举的孝道贤人们，在此集体亮相，接受七都镇党委政府代表全镇公众的隆重表彰，并且集体为老太庙文化广场奠基剪彩。这个活动非常特别，值得写入七都镇、吴江市乃至整个环太湖地区的历史。为什么这样说呢？

众所周知，百年以来，中华文化在国际国内的风云变乱中，被破坏得七零八落，命如悬丝。时至今日，教育与文化的迷惘、道德与风气的混乱，使得各种社会问题层出不穷。可以说，我们社会中的每一个人，都深深感到切肤之痛。埋怨、无奈、迷惘、不信任、不耐烦甚至激愤的情绪，在社会中泛滥。但与此同时，希望、求索、重建美好社会的愿望，也越发强烈和急迫。

有句话说，"十年树木，百年树人"，这是讲文化教育培养合格人才的不易。而中国近百年来在文化教育方面是一片乱象，使得我们的社会要培养出合格的顶天立地的人，就更是数倍地艰难。

我们究竟要从哪里入手呢？从哪里入手改善我们的社会，改善我们的国家呢？

所谓社会，是由个人组成的。每个人、每个家庭，都是社会的基本细胞。因而社会的问题，文化教育的问题，我们每一个人、每一个家庭，都有责任，而绝不仅仅是学校或政府的责任。所谓国家、政府，也是由一个个活生生的人组成的，其中的每个人，也都有其不可推卸的相应责任。

因此，大家的事，要大家来办。大家的问题，要大家来解决。每个人，都可以出一份力；每个人，都应该尽一份心。点亮自己，自然会照亮别人。如果每个人能够从我做起，从当下做起，随时随地改善自己的心态与行为，为教育自己、建设家庭、建设良好的社会国家，各自尽心尽力，那么，我们的社会与国家将会得到迅速改善，我们今天的社会理想就会变成明天的社会现实。如果相反，我们仅仅是抱怨、埋怨，仅仅是寄希望于他人改善、社会改善、政府改善，而不能从改善自己做起，那就如同每一支蜡烛都希望别的蜡烛点亮，却不点亮自己一样，终究还是一片昏暗。

可喜的是，七都（庙港）——这个曾经有着优秀历史文化的太湖古镇，在21世纪初的今天，又重新张扬起人文文化的正气，号召公众推举孝道贤人，并且恢复重建太湖文化的标志——老太庙文化广场。这两件事，都是在新时代继承优良传统文化的标志性大好事。

俗话说，"百善孝为先"。孝敬父母长辈，是人之所以为人，区别于禽兽的第一个标志。一个尽心尽力孝敬父母长辈的人，必定成长为一个具有深沉情怀与厚道人格的人，必定成长为一个勇于担当和承受苦难的贤德之人，必定成长为一个与人为善、诚恳待人、有礼义廉耻之人，也必定成长为一个使人受益的好公民、好同事、好朋友、好邻居。

曾子说："自天子以至于庶人，壹是皆以修身为本。"诚哉斯言！不论是家庭、学校，还是社会、国家，在广义上，最好的教育，永远是以率先垂范身教言传的潜移默化，来影响、启发别人自觉改善自己，好好做人，好好做事。而以管理和传授知识为本的教育，已经舍本逐末，属于教育的外围了。

今天这八位孝道贤人，他们不是教育家，而是普通的群众，但是他们以克尽孝道的行为，自然成为社会的榜样。他们点亮了自己，也自然照亮了周围的人。今天，他们又照亮了整个七都，也必将照亮即将知道他们事迹的每一个人。在向他们致敬、为他们深深感动的同时，我们每个人是否也应扪心自问，问问自己做得怎样，问问自己是否也可以为自己、为家庭、为社会、为国家，做些什么有益的改善。

每个人的心，如同一块心田。如果不去勤奋耕耘，种上好的庄稼，而是任凭杂草丛生，那绝对不会有好的收成。每个人的人生，也是一块需要好好耕耘的田。我们的社会国家，则是需要每个人来好好耕耘的田。这块田的状态怎样、收成如何，要看我们每个人在上面种植了什么，又荒芜了什么。

如果说，孝道是亲情反哺，那么，助人为乐，就是社会中普通人与人之间的美德。今天奠基修复的老太庙，之所以在古代曾经那样辉煌红火，不仅太湖流域的人们纷纷来参拜，而且得到苏州府、湖州府的隆重礼遇，绝不仅仅因为元明两代皇帝敕封邱老太爷为侯为王，更是因为近千年以来，太湖流域的民间，都相信邱老太爷父子一直保护着太湖人民。每当在太湖上遇到危险时，人们都会求助于他们，相信他们会及时出手，助人为乐。古话说，"聪明正直，死而为神"。人们供奉的似乎是神，但是神由人做，人们心中真正尊敬供奉的，实际是人格高尚、对社会大有贡献的人。

今天，对老太庙绝不是简单地恢复，而是以"老太庙文化广场"为载体，包容进去很多了不起的人文文化，其中有吴国的祖先——圣人吴泰伯的文化精神，有佛菩萨慈悲与智慧并重的文化精神，有被奉为财神的商圣范蠡的文化精神，有吴国历代贤人的文化精神，还有以邱老太爷父子助人为乐为代表的太湖文化精神。

老者考也，太者大也。经过众多考验而成就伟大人格者，才有资格称为"老太"。今日重建的"老太庙"，其中的"老太"，不仅仅是保护太湖流域人民的邱老太，更是吴国的圣人祖先吴泰伯，是吴国诸位了不起的圣贤，他们代表着为世人所崇敬的伟大人格与伟大贡献。因此，他们有资格受到人们永远的尊敬与怀念，他们的人格风范与伟大功德，永远垂范世间。因此，老太庙文化广场，对于七都镇乃至整个环太湖地区的人们，乃至整个古代吴国的范围，都有着重树伟大人格榜样以教化社会的重要历史文化意义。

为此，太湖大学堂的校长——九十五岁高龄的南怀瑾老先生，不仅亲自关心指点老太庙文化广场的筹建，亲笔题写了"老太庙"的名字，而且还捐出18亩土地指标用作老太庙文化广场核心区建设，又派出国际知名大建筑师登琨艳先生，为老太庙文化广场做义务的建筑设计。此外，南怀瑾老先生和太湖大学堂的同学们，还为此捐出了共350万余元人民币。其中100万元，是南怀瑾老先生的稿费。他老人家说：这笔钱，是读书人心血换来的干净钱，虽然不多，但也希望为此地人民的福祉与文化建设，尽一份绵薄之力。

大家捐款不论多少，哪怕是一块钱、五块钱，或者出钱，或者出人，都是一份宝贵的心意和功德。我们希望这个文化广场作为本地人文文化建设的载体之一，不断地启发影响人们，以圣贤为榜样，人人从我做起，点亮自己，照亮别人，共建美好社会与美好家园。

今天这两个活动，是本地人文文化重建与发扬光大的奠基与起点！

让我们对这里的未来，致以最美好的祝福与祝愿！

谢谢大家！

马宏达

2012 年 9 月 4 日

附录二
佛门楹联廿一副

1. 人生是梦　说梦那知仍呓语
   世间多假　弄假谁能不当真

2. 色即是空　空即是色　看得破而放不下
   善有善报　恶有恶果　讲得好而做不来

3. 殿上有佛　心中有佛　佛佛道同　心心相印
   悟时非我　迷时非我　人人无我　处处圆融

4. 生老病死苦　几个修行能免得
   柴米油盐酱　多少奔波忙一生

5. 求佛法于他方来世　无奈寻牛皆觅迹
   问果报于生前死后　可怜贫子失衣珠

6. 挥手出红尘　一卷金经　若坐若卧观自在
   将心向明月　两间净境　不来不去法王家

7. 佛是过来人　世味究如何　悟澈何妨常念佛
   心非空有相　道情原若此　皈依还是本来心

8. 如是我闻　信受奉行　几个真能做得到
   着衣持钵　洗足敷座　算来谁向此中修

9. 山深林密　水净沙明　犹是法尘非大觉
   风来竹面　雁过长空　何须清净觅真如

10. 草昧洪荒　留得五岭山川　稽首星云开胜境
    红尘扰攘　对此三台明月　照人甘露证禅心

11. 诸恶莫作　众善奉行　此话人人只会说
    有求皆苦　无欲则刚　奈何个个尽迷途

12. 恩怨缠绵　如藤倚树　树倒藤枯留刻画
    是非纷扰　若胶着色　色消胶化印空泥

13. 三世因果　六道轮回　须是真心信得过
    一灵不昧　四大本空　不劳禅静假中观

14. 入此门中　清净但如初住地
    饶他浪走　纷纭忽觉自回头

15. 回首依依　酒绿灯红　歌舞繁华　大梦场中谁识我
    到此歇歇　风清月白　梵呗空灵　高峰顶上唤迷徒

16. 佛法是机缘　何须用德山棒　临济喝
    禅门原淡泊　只有些云门饼　赵州茶

17. 竹自空心　人要实心　绿竹猗猗宣道谛
　　尘世无常　修行须常　红尘滚滚证禅机

18. 山长　水远　路转　林深　谁识得对境无情休问道
　　风吹　草动　月驶　云飞　那知是迷心逐物转凄迷

19. 在山泉水清　出山泉水清　即是如来大乘道
　　有所谓也错　无所谓也错　安心本分祖师禅

20. 月白风清　山还是山　水还是水　谁说禅门有别境
　　云行雨施　善有善报　恶有恶果　须知我佛在心田

21. 体相用　变现法报化　三界三身　权实尽从分别起
　　空有中　俨然你我他　六尘六识　因缘那自问心来

　　　　　　　　　　　　　　　　　　　　南怀瑾

附录三
老太庙重建碑记

　　三吴名区，万顷太湖领其胜。七十二峰林立于北，七十二港并流于南。浩茫间临风而立，旷古之情，释于襟怀，念天地间万事万物，无非一瞬，不朽者唯有助生民之善念耳。此老太庙所以受祀营立，其意一也。老太者邱老太爷也，子孙各一人，其年代里籍，志乘语焉不详。或云明万历间，邱老爷敕封"平沙侯"，进"平国王"，时名颇盛。民呼老太为"邱痫痫"，具区溇港之间，凡有困厄危难者急呼其名，老太即能使之化险为夷。传闻神迹甚多，口碑累世不绝，崇信者遂奉邱氏阖家为神祇，以仙龛祀之，题曰"邱老太庙"。清乾隆《震泽县志》载，庙初建于元至正四年，为五都选胜。此地北枕笠泽，风物清嘉，一港一庙，民风淳朴。明清以降，"邱老太庙"岁为闾里赞飨，民意向善使然也。辛卯（2011年）秋，地方贤达聚议原址重修，以承前贤德慧。是年冬，先期筹划初定，并呈报苏州市吴江区民政局，成立"吴江区老太庙服务中心"，斯役遂获展开。壬辰（2012年）春，"老太庙文化广场"建设计划，付苏州市吴江区七都镇第十六届人民代表大会商讨通过。时南怀瑾先生尚讲学湖畔，于重建工程，关怀备至，捐赠用地十八亩,力促玉成。设计诸事则启请台湾著名建筑师登琨艳先生,观诸蓝图,新址占地三十一亩,大旨庄严灵秀。癸巳(2013年)秋,地方礼聘中国佛教协会理事、成都文殊院方丈宗性法师为"老太庙筹建委员会主任"。同期,苏州市民族宗教事务局批准"老太庙文化广场核心区域"为固定宗教场所。至此,万事俱备,众心合一,建设事宜进图,群力相趋,具体而微。未几,则德泽殿、大雄宝殿、讲法堂及偏殿,鸠工竣事在望矣。日月继往,人事代谢,天地大德曰生,而生民之德莫大于善。由是而论,"老太庙"必能长存,因泐石碑记,以告来者。

后　记

"经师易得，人师难求。"人的一生，能于茫茫逆旅得遇明师，是为大幸。2010年，本书作者查旭东先生履职七都镇党委书记，与彼时已在太湖边落脚的南师产生交集，有幸亲炙南师，更获南师的"家人待遇"，故每遇困惑，时时请益。

作者任职七都历时八年，南师的言教身教、南师的身后诸事，他是亲历者，也是见证人。2017年初，作者的第一本书，刘雨虹先生（1921—2021）力荐的《说不尽的南怀瑾》在我社出版。时隔六年，作者虽已离任七都，而南师的教诲如公案般常萦心上，做人做事随时在参省之中。念念不忘，落笔成文，积稿日多。

本书将原《说不尽的南怀瑾》一书内容作为第一篇；第二篇《永不道别》收录南师身后的人与事相关文章；第三篇《公门修行》是作者在南师及传统文化思想的影响下，结合多年基层工作经验，对乡镇工作等的思考；第四篇《家国春秋》则是作者对民生、文化、时事等的观察与见解。按语皆为作者所加。

南师传道授业大半辈子，阅人无数，也育人无数，常叹

"教育无用",谓人习气、气质转变之难。然而,因南师及其著述而关注、学习、爱上传统文化,起而行之的也不在少数,一如本书作者。南师若泉下有知,也应该会感到欣慰吧。

东方出版社
二〇二三年三月